KB019437

장준우의
푸드 오디세이

요리 전문가부터 미식가까지
맛을 아는 사람들을 설레게 할 이야기

장준우의 **푸드 오디세이**

초판 1쇄 인쇄 2021년 11월 22일
초판 1쇄 발행 2021년 11월 29일

지은이 장준우
펴낸이 박남균

펴낸곳 북앤미디어 디엔터
등록 2019.7.8. 제2019-000090호
주소 서울시 영등포구 국회대로 675, 9층
전화 02)2038-2447
팩스 070)7500-7927
홈페이지 the-enter.com

기획 / 책임 박희라
편집이사 김혜숙
편집 박희라
디자인 김은주 이원아
해외출판 이재덕

ISBN 979-11-967612-6-4(03900)
정가 16,000원

이 도서의 국립중앙도서관 출판예정도서목록(CIP)은 서지정보유통지원시스템 홈페이지(http://seoji.nl.go.kr)와 국가자료종합목록 구축시스템(http://kolis-net.nl.go.kr)에서 이용하실 수 있습니다.

요리 전문가부터 미식가까지
맛을 아는 사람들을 설레게 할 이야기

글·사진 장준우

MENÙ DI EASY COSÌ
DALLE 12 ALLE 21
• CARNE CRUDA DI FASSONE BATTUTA AL COLTELLO 10€
• VITELLO TONNATO 10€
• PASTA AL FORNO AL TARTUFO 14€
• CANNELLONI AL RAGÙ 10€
• ROASTBEEF DI FASSONE CON GRANA & RUCOLA 12€
• SPEZZATINO DI VITELLO AL BAROLO CON PURÈ DI PATATE 15€
• TAGLIERE DI FORMAGGI NOSTRANI 10€
• TAGLIERE DI SALUMI 10€
• TAGLIERE MISTO 14€
• TORTA DI CIOCCOLATO FONDENTE 7€
• TORTA DEL GIORNO DELLA CASA 7€
• MOUSSE AL CIOCCOLATO CON PEPERONI 5€
TUTTO FATTO IN CASA CON TANTO AMORE

PROTEZIONE
CIVILE
BAROLO
PT
POSTA
TELEGRAFO
23
17

프롤로그

문득 흥미롭게 본 어떤 책 프롤로그의 한 장면이 떠오른다. 미국의 가드닝 칼럼니스트, 그러니까 정원과 관련된 글을 쓰는 작가가 주류 판매점을 둘러본 후 "이게 바로 정원이 아니고 뭐겠어요!"라고 흥분하며 외치는 대목이다. 세상에 존재하는 술은 대부분 식물을 원료로 한다. 다른 사람들의 눈에는 흔하디 흔한 술병 일지 몰라도 그의 눈엔 술의 원료가 되는 식물이 보이고, 그에 얽힌 역사적 맥락과 에피소드들이 파노라마처럼 좌르르 펼쳐졌으리라.

접시 위에 담긴 하나의 음식을 바라보고 있노라면 주류 판매점에서 흥분한 가드닝 칼럼니스트와 비슷한 감정이 든다. 한 접시의 음식은 우리에게 꽤 많은 이야깃거리를 던져 주기 때문이다. 익숙한 대상이라 할지라도 찬찬히 들여다본다면 어느새 낯선 대상으로 바뀐다. 그 지점에서부터 호기심이 생겨나고, 이야기는 호기심에서부터 시작된다. 예를 들어 엔초비를 넣어 만든 오일 파스타가 눈앞에 있다고 해보자. 맨 먼저 이탈리아인과 파스타에 대해 이야기해 볼 수 있겠다. 이를 설명하기 위해선 이탈리아의 역사뿐만 아니라 유럽의 역사를 함께 짚어야 한다. 좀 더 지엽적으로 들어가도 할 이야기는 많다. 수많은 파스타가 있는데 왜 하필 엔초비 파스타가 생겨났을까, 그에 앞서 엔초비는 누가 언제 왜 만들게 되었으며 음식에서 어떤 역할을 할까, 엔초비를 음식에 넣어 요리하는 건 이탈리아인 말고 또 어떤 이들이 있을까 등 질문이 꼬리에 꼬리를 물수록 이야깃거리 역시 무한히 펼쳐진다. 엔초비 파스타 한 그릇으로 이탈리아뿐만 아니라 유럽의 정치사와 경제사, 문화사를 설명할 수도 있는 것이다. 비단 파스타뿐만 아니라 국밥 한 그릇, 카레 한 접시에도 수많은 이야기와 생각을 끄집어낼 수 있다. 먹는 대상에서 사유하는 대상이 될 수 있는 존재가 바로 음식이다. 아, 이토록 흥미로운 지적 탐구 대상이라니.

돌아보면 음식의 세계에 발을 내디딘 근 몇 년간은 '음식에 있어서 가장 중요한 건 무엇일까?'를 찾는 여정이었다. 누가 들으면 요리만 수십 년 해온 장인이 느지막이 인생을 돌아보며 스스로에게 묻는 질문처럼 들리지만, 시건방지게도 음식의 세계에 발을 담근 지 겨우 3개월도 안 된 늦깎이 요리 유학생이 타국에서 매일 밤 눈을 감기 전 머릿속에 늘 떠올리던 화두였다. 이런 질문을 스스로에게 하게 된 이유는 조급함

때문이었다. 적잖은 나이에 요리를 배워 보겠노라 호기롭게 이탈리아로 유학을 떠났는데,막상 눈앞에 펼쳐진 건 미지와 무지로 가득 찬 세계였다. 음식도 요리도 모르는 게 너무나 많았지만 그만큼 알고 싶다는 호기심도 커져만 갔다. 마치 진리를 찾는 구도자처럼 음식의 본질을 관통하는 어떤 것이 있을 것이라 생각했고, 그것을 발견하는 게 사명인 양 느꼈다. 그래서일까. 눈앞의 현상을 쫓기보다는 이면에 숨은 맥락을 찾는데 많은 시간을 쏟았고, 어느새 식재료를 가지고 요리해 음식을 만들면서 동시에 음식에 담긴 이야기를 요리하는 사람이 되어 있었다.

기자에서 요리사, 작가라는 흔치 않은 이력을 갖고 있기에 종종 분명한 정체를 밝히란(?) 요청을 받기도 한다. 생각해 보면 나에게 있어 두 가지 일은 사실 동전의 양면과도 같다. 요리사의 일을 잘 해내기 위해 음식을 탐구하는 푸드 라이터의 일을 해오고 있고, 푸드 라이터의 일을 더 잘 해내기 위해 요리사의 일을 함께 해오고 있으니 말이다. 다행스러운 건 아직도 음식과 요리에 대해 조금씩 더 알고 이해할 때마다 기쁨과 희열을 느낀다는 점이다. 너무나 운 좋게도 음식에 대한 작은 생각을 실을 수 있는 귀한 신문 지면을 얻어 2017년부터 현재까지 격주로 칼럼을 쓰게 되었고(아마 최장기 필자로 기록되지 않을까) 일부를 엮어 이 책을 출간하게 되었다. 익숙지 않은 식재료나 요리를 소개하는

가 하면 때론 익숙한 식재료와 요리를 낯설게 보기도 하고, 다른 나라의 식문화에 대한 이해를 돕는 내용을 담기도 했다. 각기 서로 다른 독립적인 이야기들이지만 마치 궁극의 종착지인 고향 이타카를 향해 나아가는 오디세우스처럼 '음식의 본질이란 무엇일까'란 화두에 대한 답을 찾기 위한 여정임을 눈치채는 독자가 한 분이라도 계시기를 바란다.

지면을 빌려 이 책을 있게 한 분들께 감사의 말을 전하고 싶다. 북앤미디어 디엔터 출판사 관계자분들을 포함해 무려 5년이 넘는 시간 동안 100회가 넘는 지면을 기꺼이 내어 준 서울신문과 관계자분들, 멘토이자 늘 많은 영감을 주시는 문정훈 서울대학교 푸드 비즈니스랩 교수님을 비롯한 707 멤버들 그리고 곁에서 오랜 시간 변함없는 지지와 응원을 아끼지 않은 아내 희정과 가족들에게 감사의 마음을 전한다.

장준우

차례

Food
Odyssey

TRASTE
538
BES
751-752-753
CHAMPI

Part

1

매력적인 식재료

호박

Pumpkin

01

꽃과 줄기, 잎, 버릴 게 없는 호박의 매력

애호박 4,480원. 2020년, 긴 장마가 한반도를 지난 후 치솟은 채솟값에 모두들 경악했다. 대파, 배추, 시금치, 상추, 깻잎 등이 두 배 이상 올랐다. 이 중 유독 애호박이 언론의 주목을 받았다. 하나에 1,000원대 중반이었던 애호박이 4,000원까지 급등한 사실을 믿을 수 없다는 반응이 대부분이었다.

애호박이 이슈가 되니 문득 궁금해졌다. 호박이라는 채소가 우리 삶에 그토록 중요한 위치에 있었던가. 곰곰이 생각해 보니 너무 흔하고 익숙한 나머지 호박에 대해 딱히 관심을 가지지 않았다는 걸 깨달았다. 호박도 종류와 그 쓰임새가 무궁무진한 흥미로운 식재료인데…….

호박은 생각보다 종류가 다양하다. 분류법도 식물학적으로 나누거

나 동양과 서양 지역으로 구분하는가 하면 시기에 따라 나누기도 한다. 흔히 호박이라고 하면 기다란 녹색 애호박보다는 크고 둥그렇고 딱딱한 주황색 늙은 호박을 떠올리기 마련이다. 두 호박은 종도 수확기도 다르다. 서양의 분류를 따르면 애호박처럼 껍질이 얇고 수분이 많으며 비교적 속이 부드러운 덜 자란 호박을 여름 호박, 좀 더 자라 껍질이 두껍고 단단하며 속 수분이 적은 늙은 호박류를 겨울 호박으로 나눈다. 유통되는 호박의 종류가 많지 않은 우리나라에서는 계절별 분류보다 종별로 분류하는 편이다.

호박은 이름에서 알 수 있듯 박과 채소다. 박은 그 옛날 흥부가 톱질하고 말려서 바가지로 쓰던 그 박이다. 호박은 박 앞에 오랑캐 호胡

자가 붙는다. 즉 외국에서 건너왔다는 말이다. 호박의 생물학적 고향은 멕시코가 위치한 중앙아메리카다. 학계에 따르면 인류는 호박을 8000년 전부터 길러 왔다고 한다. 이는 옥수수와 콩보다 무려 4000년이나 앞선 것이다. 열매뿐 아니라 줄기와 잎, 꽃까지 먹을 수 있는데 맛도 순하고 빠르게 자라니 식량으로서는 유용했을 것이다.

아시아에도 호박은 아니지만 자생하던 박과 식물이 있었다. 호박은 콜럼버스의 신대륙 발견 이후 무역과 전쟁을 통해 자연스럽게 중앙아시아, 동아시아로 흘러들어 왔다. 한국에는 임진왜란을 전후로 한 조선시대에 일본과 중국을 통해 호박이 전래한 것으로 보고 있다. 흥미로운 건 호박이 기존의 박의 자리를 서서히 대체했다는 점이다. 기존 박에 비해 과육이 부드럽고 많을뿐더러 맛도 좋고 수확량도 많아 한국 땅에 쉽게 자리 잡았다. 넝쿨째 굴러온 호박이 박힌 박을 빼버린 격이다.

주키니Zucchini 호박은 19세기 이탈리아 북부에서 개량된 서양 호박으로 한국 애호박과 비슷한 특성을 갖고 있다. 다만 애호박이 수분이 많고 조직이 치밀하지 않아 요리하면 금방 물러지는 것과 달리 주키니는 익혀도 비교적 형태를 유지하는 게 차이다. 이탈리아가 원산지인 만큼 이탈리아 북부와 인접한 프랑스 남부에서 요리 재료로 많이 쓰인다. 주키니는 가지처럼 잘라 구운 후 치즈를 뿌려 먹거나, 잘게 편으로 썰어 올리브유에 살짝 볶아 허브를 가미한 간단한 여름철 요리로 사랑받는 식재료다.

요즘 간간이 눈에 띄는 새로운 품종의 호박으로는 땅콩호박이 있다. 생김새는 전혀 땅콩처럼 생기지 않은 땅콩호박은 서양에서 버터넛 스쿼시Butternut squash라고 부른다. 운동 경기가 먼저 떠오르는 이름이지만,

양파와 마늘, 파슬리와 함께 올리브유에 볶아 만든 주키니 볶음은 여름철 요리로 사랑받는다.

Butternut
France
I
3,99 €/kg

Cipolle Tropea
1 MAZZO
€1,00

영어권에서 스쿼시는 호박을 일컫는다. 펌프킨은 스쿼시 중 우리가 잘 아는 노랗고 둥근 늙은 호박을 뜻한다. 버터넛 스쿼시는 이름처럼 기름지고 견과류의 고소한 맛이 난다. 호박에서 기대하는 단맛도 있지만 짭짤한 맛과 더 잘 어우러진다. 다른 호박류가 그렇듯 속을 파낸 후 익혀 곱게 갈아 퓌레Purée로 만들거나 소스, 수프로 많이 활용하는 호박이다.

이탈리아의 남쪽 섬 시칠리아Sicilia에서 주방 일을 하던 당시 호박을 이용한 요리는 빠지지 않았다. 시장에 가면 쿠쿠차Cucuzza라고 불리는 무지막지하게 긴 호박이 늘 존재감을 뿜어냈다. 긴 것은 1m가 넘는 쿠쿠차 열매보다는 오히려 저렴한 잎과 줄기를 요리에 더 많이 사용했다. 쿠쿠차의 줄기와 잎은 테네루미Tenerumi라고 따로 부른다. 호박잎처럼 잎은 데쳐서 쌈 싸 먹고, 줄기와 남은 잎은 끓는 물에 익혀 갈아 진한 퓌레로 만들었다. 단맛은 없지만 호박이 갖고 있는 향과 알싸한 맛이 풍부하다. 이탈리아에서 진짜배기 시칠리아 식당이라면 테네루미를 이용한 요리는 하나쯤 있어야 하는 게 불문율이다.

오이

Cucumber

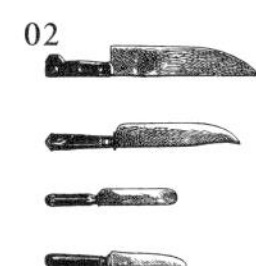

오이,
무슨 맛으로 먹느냐고요?

음식 맛의 7할은 재료에서 온다고 했던가. 요리를 하는 사람이라면 누구나 자신의 음식을 빛나게 해 줄 재료를 탐낸다. 진귀한 식재료로 손꼽히는 푸아그라나 트러플, 캐비아 같은 것이 대표적이다. 그 자체로 폭발적인 맛을 내는가 하면 단지 희귀하기에 귀한 대접을 받기도 한다. 이 같은 슈퍼스타급 식재료들은 소량만 접시 위에 올라와 있어도 삽시간에 요리의 격을 높인다.

막 썰어 놓은 오이는 요리라기엔 민망하지만, 그 위에 캐비아 몇 알만 올리면 얘기가 달라진다. 투박한 오이 한 접시에서 캐비아의 맛을 극적으로 보여 주는 재기 발랄한 고상한 요리로 변모한다. 오이를 맛있게 먹으려고 캐비아를 올렸다고는 아무도 생각하지 않는다. 그저 영롱

한 캐비아만 강렬하게 남을 뿐이다. 수많은 조연 배우가 있지만 사람들의 뇌리에 남는 건 반짝이는 주연 배우인 것과 같다.

96%가 물로 구성된 오이는 조연도 아닌 단역 정도랄까. 흔한 식재료 중에서도 단연 소박하다. 약간의 비타민 성분 말고는 특별한 영양소가 거의 없는데 그것도 극소량이다. 당근 하나 분량의 비타민을 얻기 위해선 무려 120개의 오이를 먹어야 한다.

오이는 풍부한 수분과 함께 한입 베어 물었을 때 오는 상쾌함이 미덕이다. 하지만 그런 점 때문에 식재료로 활용하기에 그 용도가 제한적이다. 오이를 익히거나 구워 먹는다는 생각은 쉽게 하지 못한다. 미식가로 소문난 먼 옛날 로마인들은 오이를 삶아 기름과 식초, 꿀을 발라

인도네시아 발리 우붓의 한 레스토랑에서 맛본 오이를 넣어 만든 칵테일.

먹었다고 한다. 심지어 로마의 2대 황제는 이 삶은 오이를 너무 좋아해 매일 10개씩 먹었다고 전해진다. 19세기 영국의 한 요리책에서는 오이에 밀가루를 바른 뒤 버터에 튀겨 아침 식사로 먹으라고 권한다. 그렇다. 사실 오이의 조리법에는 한계가 없다. 다만 우리의 상상력에 한계가 있을 뿐이다.

원산지를 찾는 게 일인 학자들은 오이의 고향이 인도라고 추정한다. 당최 심심한 맛을 생각하면 이 식물을 세계 곳곳에 퍼뜨리고 싶다는 생각이 딱히 들지는 않지만, 우리가 몰랐던 어떤 비범한 용도로 인해 오이는 인도를 중심으로 서서히 곳곳으로 퍼져 나갈 수 있었다. 그것은 바로 자연에서 나는 갈증 해소 음료라는 쓸모 때문이었다.

고대 이집트인은 잘 익은 오이에 작은 구멍을 내고 막대기로 속을 휘휘 저은 후 구멍을 닫아 며칠 땅에 묻어 두면 속이 오이즙으로 가득 찬다는 것을 알았다. 질긴 껍질과 길쭉한 모양으로 인해 휴대하기 편했고 오이 특유의 산뜻한 맛은 무더운 지역에서 갈증을 달래는 데 더할 나위 없이 좋았다. 굳이 비유하자면 밭에서 캐내는 오이 청량음료였던 셈이다. 동물을 통해 번식하는 다른 과일과 채소들이 맛과 향을 강화해 동물의 선택을 받는 전략을 사용한 것과 달리 오이는 갈증 해결 전략을 택했다. 이런 연유로 오이는 사막과 초원 그리고 바다를 건너 종족 보존의 사명을 달성할 수 있었던 것이다.

유럽에서도 오이는 여름철 상쾌함을 요리에 더하는 음식으로 사용된다. 우리가 오이소박이나 오이무침을 먹는 것처럼 각종 샐러드 위에서 존재감을 발휘한다. 대표적인 여름 음식으로는 스페인의 가스파초Gazpacho가 있다. 오이와 토마토, 피망, 식초, 마늘, 올리브유, 남은 빵 등을 한데 넣어 곱게 갈아 차갑게 먹는 일종의 여름 수프다. 가스파초에는 토마토와 피망이 지배적으로 쓰이는 재료이긴 하지만 오이가 빠지면 굉장히 섭섭하다. 음식을 구성하는 모든 재료에는 반드시 이유가 있다. 텁텁하고 달큼한 맛에 오이의 청량함이 더해져야 스페인의 뜨거운 태양을 견딜 수 있는 요리로 완성된다.

오이와 어울리는 단짝은 식초와 오일이다. 입맛을 돋우는 우리식 오이무침만 봐도 식초와 참기름이 들어가는 것처럼 서양에서도 올리브유와 각종 비니거Vinegar를 오이에 곁들여 먹는다. 상큼한 식초로 오이의 무미를 새콤하게 채워 주는 요리법은 소박하고 흔한 식재료를 돋보이게 해 주는 가장 극적인 방법이었다. 음식을 식초에 절이는 피클의 대표 주자가 오이라는 건 그리 놀랍지 않은 일이다.

기름진 음식에 반드시 곁들이는 오이피클은 하인즈라는 미국의 재능 있는 사업가 덕에 1890년대 미국을 대표하는 음식이 됐다. 가정에서 소량씩 만들어 먹다가 식료품점에서 쉽게 사 먹을 수 있게 되자, 만드는 시간과 수고를 줄일 수 있게 된 주부들에게 큰 인기를 얻었다. 점차 사람들은 개성 있는 다양한 가정식 오이피클보다 하인즈의 공장형 오이피클 맛에 익숙해져 갔다. 전통과 개성이 사라지는 걸 걱정한 이들은 시판 오이피클이 건강에 좋지 않다는 점을 강조하는 한편 집에서 피클을 담가 먹자는 운동을 벌였다. 그러고 보니 어딘가 익숙한 전개가 아닌가.

인도네시아 발리의 한 전통 식당에서 만난 오이를 곁들인 볶음밥 나시고렝.

옥수수

Corn

03

흔한 옥수수?
알고 보면 비밀투성이

2020년 초여름 초당옥수수로 소셜네트워크서비스(SNS)가 한동안 들썩였다. 3~4년 전쯤부터 입소문이 나기 시작하더니 봄 도다리, 가을 전어처럼 초여름엔 초당옥수수가 공식이 된 듯한 분위기다. 생으로 먹는 옥수수라는 데 놀라고, 설탕 즙 같은 짜릿한 단맛이 톡톡 터지는 데 또 한 번 놀란다. 한편에선 익숙지 않은 강한 단맛에 고개를 절레절레 흔들기도 하지만 이제 초당옥수수는 누구나 한 번은 맛보고 싶어 하는 농산물계의 아이돌로 자리 잡은 듯하다.

초당옥수수의 이름만 들으면 초당두부처럼 지역 특산 옥수수라 생각하기 쉽다. 초당은 '매우 달다'는 한자어로 단옥수수보다 당도가 더 높다고 해서 붙은 이름이다. 미국에서도 단옥수수, 스위트콘보다 당도

가 강한 옥수수를 슈퍼 스위트콘으로 부른다.

사람들에게 옥수수는 대수롭지 않은 간식거리지만 식물학적인 눈으로 바라보면 옥수수는 참으로 기이한 식물이다. 일단 혼자서는 살 수 없다. 번식을 인간에게 전적으로 의존하고 있다. 옥수수 낟알 하나하나가 씨앗인데 질기고 두꺼운 외피에 쌓여 있다. 다른 식물 열매는 땅에 떨어지면 어떻게든 씨를 뿌려 싹을 틔운다. 그런데 옥수수는 사람이 껍질을 벗겨주지 않으면 씨앗들이 그 안에서 일거에 몰살당하게 된다. 쉽사리 벗겨지지 않는 두터운 외피는 오직 인간의 손길만 허락한다는 의지인 셈이다.

옥수수와 흡사한 식물이 자연에 없고 옥수수의 원산지나 유래에 관해 명확하게 밝혀진 게 없다는 점도 미스터리다. 식물학자들은 옥수수

가 멕시코 지역에서 7000년 전부터 재배해 온 것으로 추정한다. 옥수수의 조상으로 추정되는 '테오신테Teosinte'라는 식물은 우리가 알고 있는 옥수수의 외모와는 크게 다르다. 마치 빈약한 수수 이삭처럼 생겼다. 남미 원주민들이 옥수수를 어떻게 지금과 같은 형태로 개량시켰는지는 베일에 싸여 있다.

옥수수는 익을수록 맛이 없다. 대부분의 채소나 과일이 무르익을수록 당도가 높아지고 물러지는 것과는 반대다. 옥수수는 노화할수록 수분이 점점 줄어 쭈글쭈글해지고 달콤한 당분이 텁텁한 녹말로 바뀐다. 그래서 옥수수는 덜 익을수록 달콤하다. 달콤한 옥수수도 수확한 지 20분 정도가 지나면 서서히 당도가 떨어진다. 그래서 미국에는 이런 속담도 있다고 한다.

"옥수수밭에 나갈 때는 얼마든지 어슬렁거려도 되지만 집으로 돌아갈 땐 죽기 살기로 달리는 편이 낫다."

수확한 후 가능한 한 빨리 먹어야지 달콤한 옥수수를 맛볼 수 있다는 말이다.

미국에서 1950년대 개발된 슈퍼 스위트콘은 돌연변이 유전자로 인해 당분이 녹말로 바뀌는 전환 과정이 늦어진 종자다. 빨리 늙지 않는 옥수수인 셈이다. 옥수수의 장점들은 대부분 자연적 돌연변이의 결과물이라 열성 인자다. 바람을 통해 수분受粉하는 풍매 식물인 탓에 슈퍼 스위트콘을 심었다 해도 주변에 다른 종의 옥수수가 있으면 쉽게 유전자가 뒤섞인다. 최대한 다양한 특성의 후손을 만들어 종족 보존의 확률을 높이려는 옥수수만의 생존법이지만 한 종을 유지하며 키우기에는 까다로운 특성이다.

스위트콘 종자는 1970년대 국내에 들어왔지만 찰옥수수에 밀려 그다지 빛을 보지 못했다. 소비자들이 쫄깃하고 찰진 맛을 더 선호한 것도 이유지만 대부분의 소비자가 달큼한 갓 딴 옥수수를 접하지 못했기에 수요가 생기지 않은 것도 한몫했다. 스위트콘 종자는 일본에서 다시 한 번 개량되어 한국으로 넘어온 것으로 추정된다. 현재 초당옥수수는 외래 품종과 국내 개량 품종이 혼재해 판매된다.

옥수수에 대한 비밀이 하나 더 있다. 옥수수 하면 알맹이만 먹고 옥수숫대는 버리지만 옥수숫대 속에 달콤한 즙이 들어 있다는 사실! 남미의 원주민들은 옥수수를 이용해 두 가지 술을 만들었다. 하나는 알맹이를 보리처럼 이용한 옥수수맥주 그리고 옥수숫대의 즙을 짠 옥수숫대술이다. 스코틀랜드 출신의 미국 초기 정착민들은 이 옥수숫대술을 증류해서 마셨는데, 이것이 오늘날 버번위스키Bourbon whisky의 원형으로 알려져 있다.

이 때문에 일부 고고학자들은 옥수수가 애초부터 알맹이가 목적이 아니라 사탕수수처럼 즙을 짜내기 위해 재배된 것이라고 주장하기도 한다. "그래, 맞아!" 하고 이마를 탁 쳤다면 분명 알맹이를 다 발라먹고 아쉬운 마음에 남은 옥수숫대를 쪽쪽 빨아먹었던 유년 시절이 떠올라서였을 것이다. 곰곰이 생각해 보면 이에 눈치 없이 끼는 알맹이보다 옥수숫대를 빨아먹는 쪽이 더 달콤했던 것도 같다.

←

옥수수를 가루로 만들어 죽 형태로 먹기도 하고 튀기거나
그릴에 구워 먹기도 한다.

토마토
Tomato

04

새콤달콤 향긋한 토마토,
그동안 몰랐던 진짜 맛

편리한 시대다. 근처 어느 마트를 가더라도 식재료를 손쉽게 구할 수 있었던 시대를 지나 이제는 손가락 몇 번으로 문 앞까지 식재료가 배달된다. 주방 한편에 내용물보다 더 큰 부피의 택배 상자가 쌓이는 걸 보면 이래도 되나 싶기도 하지만, 약간의 죄책감은 이내 뒤따라오는 편리함에 뒤덮인다. 모든 일에는 명암이 있다. 음식을 편하게 접할 수 있는 대가로 우리가 잃은 건 혹시 없을까?

사시사철 접할 수 있는 식재료 중 대표적인 게 토마토다. 원래 토마토는 여름이 시작되기 전부터 가을 초까지가 제철이다. 남미 안데스가 원산지인 토마토는 햇빛을 좋아해 일조량이 많고 기온이 높아야 농사가 잘된다. 신대륙에서 토마토를 가장 먼저 받아들인 유럽에선 스페인과

프랑스, 이탈리아 세 나라의 남쪽에서 자라는 토마토를 제일로 친다.

우리가 감귤 하면 제주도를 떠올리듯 이탈리아에서 가장 맛있는 토마토가 자라는 곳은 남쪽의 시칠리아섬Sicilia이다. 시칠리아 중에서도 최남단 파키노Pachino에서 생산되는 방울토마토가 맛 좋기로 유명하다. 처음 시칠리아에서 맛본 파키노산 방울토마토의 맛을 잊을 수가 없다. 대개 이런 이야기를 하면 얼마나 달콤하냐 묻는다. 토마토를 과일로 본다면 틀린 질문은 아니다. 하지만 토마토의 진정한 미덕은 단맛에만 있지 않다는 걸 그때 경험했다. 좋은 토마토란 단맛과 신맛이 적절히 균형을 이뤄야 하고, 거기에 중요한 건 향이라는 사실이다.

우리가 먹는 토마토는 대개 향이 거의 없다고 할 정도로 미미하다. 언

제 어디서나 먹을 수 있는 편리함을 얻은 대신 토마토가 가진 싱그러운 향을 잃었다. 농사는 당연히 땅에서 비롯된다고 생각하지만 요즘은 다르다. 과일과 채소는 영양분이 들어 있는 양액을 통해 재배하는 수경재배가 대세다. 관리가 편하고 일정 수준의 품질을 유지할 수 있다는 게 장점이다. 관능적인 관점에서 보면 좋은 토양에서 재배된 토마토보다 맛과 향이 덜하다. 그렇다고 땅에서 키운 게 마냥 좋다고는 할 수 없다. 토질이 좋지 않으면 되레 수경재배보다 못할 수 있다.

향의 차이는 수확 방식과 유통 기간에 따라서도 영향을 받는다. 소비자들의 기대와는 달리 대부분의 시판 토마토는 유통상 편의를 위해 미처 다 익기 전에 딴다. 완전히 성숙한 토마토가 100%라고 한다면 미숙성 토마토가 수확되는 시점은 대략 70~80% 사이이다. 미숙성 토마토는 가지에서 떨어져 나와도 시간이 지나면 붉게 변한다. 보기엔 먹음직스럽게 새빨갛지만 맛과 향은 완전히 숙성한 후 딴 토마토와 큰 차이를 보인다. 갓 딴 토마토는 풋풋한 풀 내음이 특징이다. 완전히 숙성한 토마토는 단맛과 신맛이 적절히 조화를 이루고 향도 가득하다. 매대에 놓인 토마토가 완숙이라고 적혀 있어도 수확 시기나 재배 방식을 확인할 필요가 있다. 시간이 지나면 토마토의 풋풋한 향은 서서히 줄어든다. 완숙 토마토라고 구입했는데 딱히 맛에서 감흥이 없다면 수확 시기뿐 아니라 자란 환경의 문제일 수도 있다.

맛 좋은 토마토만큼 주방에서 쓸모 많은 식재료가 또 없다. 냉장고에 과일과 채소가 없어도 토마토가 있다면 두 마리 토끼를 모두 잡을 수 있다. 실제로 토마토는 과일이냐 채소냐 논란이 있는 유일한 식재료이기도 하다. 식물학적 분류보다는 용도에 따라 쓸모를 구분하는 편이 머리가 덜 아플 수 있다. 토마토가 유럽에서 처음 건너올 땐 독이 있는 걸로 오해받아 식재료로 사용되기까지 꽤 오랜 시간이 걸렸다. 토마토가 가진 단맛과 신맛 그리고 감칠맛을 내는 특성으로 인해 소스에 들어가는 조미료의 일종처럼 사용되다가 19세기나 돼서야 샐러드처럼 생으로 먹기 시작했다는 기록이 있다.

토마토는 껍질과 과육 그리고 젤리처럼 생긴 즙으로 구성된다. 몇몇 조리법을 보면 데쳐서 껍질을 제거하고 즙은 따로 모아 버린 후 과육만 쓰는 걸 추천하는데, 반드시 그럴 필요는 없다. 이렇게 하는 건 단지 입 안에서 걸리적거리는 느낌 없이 달큼한 과육만 요리에 쓰기 위한 방법일 뿐이다. 토마토의 향은 대부분 껍질에서, 고유의 상큼한 산미는 즙

강원 영월 그래도팜에서는 유기농법으로
에어룸 토마토를 생산하고 있다.

에서 나온다. 향이 좋은 토마토라면 굳이 껍질을 벗길 필요는 없다. 벗긴 껍질은 따로 오븐에서 말리거나 튀겨 토마토 파우더, 장식용 가니시로 쓰면 좋다. 새콤달콤한 즙을 모아 드레싱에 뿌리면 토마토 과육 없이도 토마토 향이 나는 샐러드를 만들 수 있다.

토마토의 향으로 맛을 구분하는 시대가 온다면 그다음에 오는 건 다양성이다. 지구상에 존재하는 토마토는 2만 종이 넘지만 한국에서는 고작해야 예닐곱 가지를 접할 수 있다. 강원도 영월에서 유기농법으로 완숙 토마토를 생산하고 있는 그래도팜에서는 현재 15종의 에어룸 토마토를 생산하고 있다. 종류가 많아 재배나 유통이 까다로울 뿐만 아니라 소비자들의 인식이 아직 저조한 상황이지만 과감히 새로운 것에 뛰어든 용기와 열정에 박수를 보내는 바다. 그동안 해외에서나 볼 수 있었던 각양각색의 토마토는 하나하나 맛 차이를 느낄 수 있어 골라 먹는 재미가 쏠쏠하다. 앞으로 더 많은 농가에서 저마다 특색있는 토마토를 키워내 우리 식탁이 좀 더 풍성해지기를 기대한다.

아티초크

Artichoke

05

먹는 꽃봉오리,
아티초크의 무심한 매력

꽃집을 개업한 친구에게 넌지시 물었다. 혹여 꽃이 팔리지 않고 남으면 어떻게 하느냐고. 친구는 별걸 다 물어본다는 표정을 지으며 다 쓰레기통으로 직행한다고 대수롭지 않게 답했다. 꽃집 한 쪽에 흐드러지게 핀 꽃들이 마냥 아름답게만 느껴지지 않던 게 그때쯤부터였을까. 저 꽃들을 차라리 먹을 수 있다면 마음도 덜 아프고 환경에 덜 미안할 텐데…….

우리를 절로 미소 짓게 하는 관상용 꽃은 대부분 먹을 수 없다. 태생적으로 독성을 갖고 있는 꽃도 있지만 더 큰 이유는 농약 때문이다. 벌레 먹은 관상용 꽃은 상품 가치가 떨어지다 보니 대부분의 화훼농가에서는 병충해를 막기 위해 독한 농약을 쓴다. 한편 식용으로 기르는 꽃

도 있다. 진달래, 국화, 장미, 금잔화, 팬지는 접시 위에서 음식을 먹음직스럽게 꾸며주는 대표적인 식용 꽃이다. 식당에서 많이 쓰이지만 대개 빈 접시에 식용 꽃만 덩그러니 남아 있는 경우를 종종 목격하게 된다. 꽃을 먹는 게 익숙지 않은 탓이다. 식용 꽃의 가격을 생각하면 요리하는 사람 입장에선 꽤 속상한 일이 아닐 수 없다.

우리는 딱히 의식하지 않지만 일상적으로 먹는 꽃들이 있다. 대표적인 게 브로콜리다. 재미있게 생긴 채소라고 여기지만 엄밀하게는 채 피지 않은 꽃봉오리 상태다. 사촌 격인 콜리플라워도 마찬가지다. 우리나라에선 생소하지만 유럽에선 브로콜리만큼이나 인기 있는 식용 꽃이 있다. 바로 아티초크Artichoke다.

길쭉한 모양, 둥근 모양, 연두색, 보라색 등 품종에 따라 생김새가 다른 각양각색의 아티초크들.

아티초크는 키나라 스콜리무스Cynara scolymus라는 학명으로 불리는 엉겅퀴의 꽃봉오리다. 아티초크 꽃은 진한 자주색을 띠며 핀다. 이 세상의 존재가 아닌 것처럼 꽤 아름답지만 농부 입장에선 전혀 보고 싶지 않은 장면이다. 브로콜리처럼 꽃이 피기 전에 수확해야 상품 가치가 있기 때문이다.

지중해 지역이 고향인 아티초크는 유럽에서 꽤 오래전부터 식용으로 사용해 왔다. 시칠리아에 정착한 그리스인들과 로마인들은 굽거나 삶은 아티초크를 즐겨 먹었다는 기록이 남아 있다. 아티초크의 조상 격으로 카르둔Cardoon이라는 식물이 있는데 크기만 좀 작을 뿐 아티초크와 거의 흡사한 형태와 맛을 지니고 있다. 카르둔을 식용으로 먹기 좋게 개량한 것이 아티초크라는 학설도 있다.

이탈리아 요리 유학 시절 만났던 아티초크는 다루기 꽤 까다로웠던 식재료였다. 주먹보다 큰 아티초크를 요리하기 위해선 반드시 손질을 해야 했다. 비늘처럼 겹겹이 나 있는 잎들을 하나하나 잘라내고 두툼한 꽃받침과 줄기의 겉 부분을 손질하고 나면 원래 크기의 8분의 1 정도밖에 남지 않는다. 여름철 수박처럼 버리는 게 더 많다고 할까. 손질은 빠르게 진행돼야 했는데 깎아낸 아티초크 꽃받침이 공기와 접촉하면 쉽게 갈변하기 때문이다. 색이 변한 아티초크는 떫은맛이 강해진다. 가급적 신속하게 손질하고 난 후엔 반드시 산성 액체, 즉 레몬즙을 넣은 물에 담가야 갈변을 방지할 수 있다.

손질이 까다롭고 수율도 낮은 이 식재료의 맛은 어떨까? 갓 손질한 아티초크를 생으로 한입 베어 물면 약간 씁쓸하고 떫은 게, 마치 생감자를 먹는 듯한 맛이 난다. 특별한 향도 없고 미각을 강렬하게 자극하지도 않는다. 손질하느라 겪은 고생이 무색해지는 소박한 맛이다. 아티초크는 튀기거나 삶거나 또는 구워서 익히면 특유의 향이 좀 더 강해진다. 여기에 감자나 무 같은 익힌 뿌리 식물에서 맛볼 수 있는 약간의 단맛과 씁쓸함도 함께 선사해 준다. 특유의 풍미가 주는 소박한 매력이 분명 있지만 무언가 대단하고 특별한 걸 기대했다면 실망하기 딱 좋은 식재료다.

자체 맛이 소박한지라 아티초크를 이용한 요리법은 버터나 소스 등을 첨가해 맛을 북돋아 주는 방식이 대부분이다. 버터에 가볍게 굽거나 튀긴 후 엑스트라버진 올리브유를 듬뿍 뿌린 후 레몬을 곁들여 먹는 게 이탈리아에서 가장 흔히 먹는 방법이다.

이탈리아에서 아티초크 하면 로마다. 그중에서 가장 유명한 요리는 아티초크를 통째로 튀긴 카르초포 알라 주디아Carciofi alla giudia다. 직역하자면 유대인식 아티초크. 유대 요리에는 유독 기름에 튀기는 방식이 많은데 이 요리도 그중 하나다. 일반적으로 아티초크 잎은 잘라내고 밑동만 먹는데 카르초포 알라 주디아는 통째로 기름에 튀긴다. 곱게 오므린 잎들이 뜨거운 기름과 만나면 활짝 펼쳐지는데 모양새가 제법 멋져 별미로 통한다.

혹자는 아티초크의 매력이 시나린Cynarin이라는 성분에 있다고 이야기한다. 이 성분은 우리 혀의 단맛 수용체를 일시적으로 억제하는 작용을 한다. 아티초크를 먹은 후에 먹는 다른 음식을 더욱 달게 느끼도록 해주는 것이다. 이런 미각의 왜곡 작용 때문에 와인을 먹을 때 피해야 할 식재료로 꼽히기도 한다. 하지만 이런 사실과 상관없이 이탈리아의 식탁에선 늘 환영받는다. 실보다 득이 더 많다는 의미 아닐까도 싶다.

아티초크를 기름에 통째로 튀겨서 먹는 이탈리아 아티초크 요리 카르초포 알라 주디아.

아스파라거스
Asparagus

06

봄을 유혹하는
아스파라거스의 매력

들어도 쉽사리 공감이 되지 않는 이야기가 있다. 부모님이 가끔 얘기해 주시던 그때 그 시절 바나나가 그렇다. 한땐 비싸고 귀한 과일이었다는 말을 듣곤 했는데 딱히 와닿지 않았던 기억이 선명하게 남아 있다. 아스파라거스를 보니 문득 바나나가 생각났다. 수년 전만 해도 아스파라거스는 꽤 비싸 마트에서 집을까 말까 고민하게 만드는 식재료였지만 지금은 상황이 달라졌다. 많은 국내 농가에서 아스파라거스를 생산하면서 비싼 수입산 대신 더 신선하고 저렴한 아스파라거스를 만나볼 수 있게 됐다.

국내에서 아스파라거스는 고기를 구울 때 곁들이거나 데쳐 먹는 외국 채소 정도로 인식하지만 서양에서는 두릅이나 달래, 냉이처럼 봄을

맨 먼저 알리는 전령사다. 이탈리아 북부나 프랑스 남부에선 봄이 오면 거의 모든 식당 메뉴에서 아스파라거스가 빠지지 않는다. 두꺼운 아스파라거스는 주요리에 곁들이는 부재료로 쓰이기도 하지만 주인공으로도 활용된다. 달걀과 버터, 레몬을 이용한 홀랜다이즈소스를 끼얹은 아스파라거스 요리는 프렌치 요리의 클래식이다.

아스파라거스를 찬찬히 들여다보면 다른 채소와는 다른 흥미로운 점이 보인다. 잎이나 과실이 아닌 줄기를 먹는 몇 안 되는 채소 중 하나인 동시에 전부가 줄기다. 지중해 연안과 유라시아 대륙이 원산지로 알려진 아스파라거스는 해안가 바위 등에서 야생으로 자라다 어느 시점부터 인간에 의해 본격적으로 재배되기 시작했다. 폼페이 벽화나 1세기쯤 로마의 요리책 기록을 통해 고대부터 이미 아스파라거스를 먹어

아스파라거스는 특유의 향과 식감 때문에 고기 요리에 많이 곁들여진다.

왔다는 걸 짐작할 따름이다.

아스파라거스는 4월 중순부터 제철을 맞는다. 환경에 까탈스럽지 않아 어디서든 잘 자라며 한번 심어 놓으면 죽순처럼 계속 순이 오르며 자라기 때문에 농가에서 크게 힘들이지 않고 키울 수 있다. 쭉쭉 뻗어나가는 생명력과 생김새 때문에 동양의 미신처럼 서양에서도 아스파라거스는 오랫동안 남성들에게 좋은 효능이 있는 작물로 인식돼 왔다. 온라인에서 아스파라거스를 검색하면 온통 영양학적 효능 이야기뿐이지만 애석하게도 남성들에게 유의미한 이점은 딱히 없음이 밝혀졌다.

그럼에도 불구하고 아스파라거스를 많이 먹으면 인체에 한 가지 영향을 미치는 건 사실이다. 바로 소변 냄새가 지독해진다는 것이다. 과학적인 증거가 있다. 아스파라거스에 함유된 아스파라거스산이 우리 몸에 들어와 분해되면서 대사가 진행되는데 이때 만들어지는 성분이 스컹크의 지독한 방귀 냄새를 유발하는 메테인싸이올Methanethiol과 매우 유사하다는 것이다. 아스파라거스 줄기 한두 개 정도 먹고는 느끼지 못하겠지만 불판 위 고기를 먹듯 마구 집어 먹었을 때 해당되는 이야기다.

아스파라거스는 초록색이라고 다들 생각하지만 가끔 흰색이나 자주색도 찾아볼 수 있다. 흰색 아스파라거스는 따로 품종이 있다기보다 햇빛을 의도적으로 쬐지 않고 키운 것이다. 오래전에는 녹색보다 흰색 아스파라거스가 더 인기가 높았다. 인위적으로 흙을 덮어 주며 키우다 보니 손이 많이 가 훨씬 비싼 값에 팔렸다. 녹색 아스파라거스가 아삭하게 씹는 맛이 있다면 흰색은 껍질까지 부드러운 게 특징이다. 자주색

WHITE
ASPARAGUS.
£6
Bnch

아스파라거스는 안토시아닌이 많이 함유돼 보랏빛으로 보일 뿐 영양학적으로나 맛에선 큰 차이가 없다.

아스파라거스는 수확되자마자 수분과 향을 잃어 간다. 갓 수확한 게 맛과 향이 가장 강하다는 뜻이다. 수확한 지 얼마나 지났을지 모를 수입산보다는 웬만해선 제철 맞은 국산 아스파라거스를 사는 게 낫다. 진한 향과 수분을 품고 있는 아스파라거스는 어떻게 요리해도 맛이 좋다.

신선하고 질 좋은 아스파라거스를 구했다면 선택지는 세 가지다. 살짝 데쳐 먹을 것인가, 쪄서 먹을 것인가, 구워 먹을 것인가. 향과 맛을 온전히 즐기려면 데치는 것보다 찌는 걸 추천한다. 끓는 물에 데친다는 건 재료가 갖고 있는 일부 수용성 성분을 잃어버리는 걸 각오하는 것과 같다. 기왕 향 좋고 신선한 아스파라거스를 구했다면 찌는 게 손실을 가장 줄이는 방법이다.

하지만 어떻게 조리해야 가장 맛이 좋으냐는 또 다른 문제다. 버터에 아스파라거스를 구워 먹으면 그 자체로 메인 요리로 손색이 없다. 베이컨이나 와인 안주로 먹다 남은 초리소 조각을 넣고 구워도 좋다. 버터가 없다면 요리용 기름으로 구운 후 접시에 담아 질 좋은 엑스트라버진 올리브 오일을 두르고 소금, 후추만 살짝 쳐서 먹는 이탈리아식 방법도 적극 추천한다. 삶아서 초장에 찍어 먹기엔 아스파라거스가 가진 매력은 너무나도 매혹적이다.

허브

Herb

07

그런데
허브가 꼭 있어야 하나요?

가끔 조리법을 물어오는 이들이 있다. 내가 이탈리아에서 요리를 배웠다는 걸 아는지 모르는지 '집에서 코코뱅(프랑스식 와인 닭찜)을 하려는데 로즈메리나 타임이 꼭 필요하냐'는 국경을 뛰어넘는 존재론적 물음부터 '바질페스토에 생바질 말고 말린 바질을 써도 되느냐' 같은 꽤 난처한 질문도 해온다. 질문의 요지는 '레시피를 보니 허브를 넣으라고 하는데 꼭 있어야 하느냐'로 수렴된다.

질문을 주신 분들의 마음은 이해한다. 막상 구하려니 없고, 그렇다고 안 넣자니 찜찜하고. 나 역시 혼자 요리를 해보겠다고 끙끙거릴 때 가졌던 궁금증이기도 하다. 대체 허브는 요리에서 어떤 역할을 하는 걸까?

허브는 향을 내는 풀로 굳이 한자로 풀자면 '향초'다. 향신료의 범위에 넣기도 하는데 우리가 향신료 또는 스파이스라고 부르는 후추, 계피, 육두구 등은 식물의 말린 씨앗이나 가지, 줄기, 열매 등이지만, 대개 허브라고 하면 아직 푸른빛을 유지하고 있는 잎이나 꽃을 의미한다. 이제는 우리에게 친숙해진 타임, 오레가노, 로즈메리, 세이지, 민트, 바질 등이 요리에 자주 사용되는 허브다.

허브는 요리에 쓰이기 훨씬 이전부터 약초로 이용했다. 허브에서 풍겨오는 강한 향은 접근하지 말라는 일종의 경고 신호다. 그만큼 독성도 강한데 소량 사용하거나 섭취하면 문제가 없지만, 많은 양이나 에센스의 경우 피부를 태워버릴 정도로 독하다. 약과 독은 동전의 양면과 같은데 문자 그대로 잘 쓰면 약이고 잘못 쓰면 독이 되는 셈이다. 다행히 우리가 식용으로 사용하는 허브 대부분은 품종 개량을 거쳤으니 걱정은 놓으시라.

프랑스 브레스 지역을 대표하는 레스토랑 '조르주 블랑'에서 선보이는 닭 요리.
토마토크림소스에 허브인 타라곤을 넣어 맛을 더했다.

의학과 주술, 종교가 혼재했던 고대에서 허브는 약사나 사제의 사랑을 받았지만 요리 재료로 쓰면서 더 많은 사람의 애정을 받는 존재가 됐다. 고대와 중세까지만 해도 후추 같은 향신료는 값이 무척 비싸고 귀해 아무나 음식에 넣을 수 없었다. 서양 음식에 허브를 왜 넣느냐는 질문의 대답 중 하나는 '너무 흔해서'다. 지금도 유럽 시골 주변에 널리 무심히 피어 있는 풀들을 가만히 들여다 보면 대부분 허브인 경우가 많다. 값비싼 향신료를 대체할 수 있는 게 바로 허브였다. 특유의 감미롭고 알싸한 향으로 단조로운 식사에 입맛을 돋우는 양념 재료로 유럽인들의 삶 속에 자리 잡은 것이다.

요리를 통해 음식을 섭취하는 건 인류의 공통적인 행위다. 그러나 무엇을 어떻게 먹느냐는 문화권마다 다르다. 음식은 한 문화를 구분하는 잣대로 사용할 수도 있다. 식문화는 국경보다 주 경계, 도 경계에서 더 많은 차이를 보일 때가 있다. 우리 눈에는 모든 프랑스 사람들이 같은 음식을 먹고 있을 것 같지만, 안에서는 지역에 따라 음식 양식이 세분화했다. 프랑스지만 독일에 가까운 알자스 지방에서는 독일 음식과 유사한 음식이, 지중해에 접한 프로방스 지방에서는 스페인이나 이탈리아 음식에 가까운 지중해 음식 양식이 나타난다.

식문화 구별의 잣대는 음식의 형태나 종류로 구분되기도 하지만 허브나 향신료도 같은 수단이 될 수 있다. 특정 문화권에서 반복적으로 사용되는 허브와 향신료 조합은 음식의 정체성을 이야기해 주기도 한다. 음식에서 레몬그라스, 라임, 타이바질이 들어가면 우리는 태국 음식임을 직감하고, 오향, 마라, 팔각 등의 향을 느끼면 중국식이라는 걸 알아챈다.

이탈리아를 대표하는 요리인 카프레제. 모차렐라 치즈와 토마토 그리고 허브인 바질이 들어간다.

프로방스에서는 아예 프로방스 허브라고 해서 지역을 대표하는 허브 믹스가 따로 존재한다. 타임, 마조람, 회향, 바질, 로즈메리, 라벤더를 섞은 프로방스 허브는 고기, 생선, 야채 요리 등에 사용한다. 이 허브 믹스가 들어간 요리를 먹은 프랑스 사람들은 '아, 프로방스 음식이구나.' 라고 금방 눈치챌 수 있다고 한다.

다시 처음 질문으로 돌아가 보자. 음식에 꼭 허브를 넣어야 하는 것일까? 그것은 온전히 요리하는 사람의 의지에 달렸다. 허브를 사용하면 음식에 훨씬 풍부한 향미를 준다. 조리 중에 넣어 음식 전체에 은은한 맛과 향을 불어넣을 수 있고, 마지막에 사용해 상쾌한 허브향을 줄 수도 있다. 허브가 있으면 좋고 없으면 아쉬운 정도이지만 허브가 향미의 전부인 경우도 있다. 바질페스토를 만들려는데 싱싱한 생바질이 없으면 곤란하지 않은가.

허브가 음식에 주는 역할과 의미를 생각해 본다면 반드시 특정 허브여야만 할 필요는 없다는 발상의 전환도 좋다. 창의력은 결핍에서 나오는 법. 냉장고를 열거나 시장에 가서 어떤 식물이 향이 강한지 살펴보고 허브를 대체할 만한 재료를 찾아 나만의 레시피를 만들어 보는 건 어떨까.

프랑스에서 음식에 넣는 허브로 사용하기도 하는 라벤더.

강한 향 때문에 주로 육류 요리와 어울리는 로즈메리.

후추

Pepper

08

다양한 맛의 표정을 가진 후추의 세계

언젠가 지인이 캄보디아에 다녀왔다며 작은 후추 한 봉지를 건넸다. 흔히 보는 후추와는 달리 갈색빛이 도는 통후추였다. 호기심에 갈아서 한 꼬집 맛보니 웬걸, 보통 후추의 맛과 달리 상쾌한 과일 향이 나면서도 알싸하고 매콤한 맛이 차례로 휘몰아쳤다. 잠시 다른 세계에 있다가 온 기분이었다. 그때부터였다. 후추에 대한 집착이 시작된 건.

후추라고 한 종류만 있는 건 아니다. 단지 우리가 별로 관심이 없었을 뿐. 후추의 종류라고 하면 흑후추, 백후추, 적후추 정도로 알려져 있다. 흑후추와 백후추는 사실 가공 방식에 따른 분류다. 후추 열매가 익으면 붉거나 노래지는데 이를 따서 햇빛에 말리면 껍질과 과육이 말라

붙어 검게 쪼그라든다. 이렇게 탄생하는 것이 흔히 보는 흑후추, 블랙 페퍼다. 흑후추 알갱이를 자세히 살펴보면 쭈글쭈글한 주름이 접혀 있다. 백후추는 껍질과 과육을 벗긴 후추 씨앗이다. 쌀로 치면 흑후추가 현미, 백후추가 백미라고 할까. 후추의 톡 쏘는 강렬한 맛은 껍질과 과육에서, 은은한 향은 씨앗에서 비롯된다. 백후추가 흔히 순하다고 하는 건 이 때문이다.

적후추는 빨갛게 익은 후추로 오해하기 쉬운데 엄밀하게 따져 후추 가족은 아니다. 핑크페퍼라 불리는 이 열매는 캐슈너트, 옻나무와 같은 가족으로, 말려도 색깔이 빨갛고 후추와 비슷한 맛을 낸다고 해 후추처럼 쓰인다. 빨갛게 익은 진짜 후추를 말리면 검게 변하기에 사실상 산지가 아니고서는 붉은 후추를 보기란 어려운 일이다.

낯설지만 녹후추도 있다. 녹후추는 설익은 녹색의 후추로 만드는데 대개 말리지 않고 소금물이나 식초에 절여 피클처럼 유통된다. 말린 후추보다 톡 쏘는 맛은 덜하지만 독특한 신맛과 향으로 일부 서양 요리와

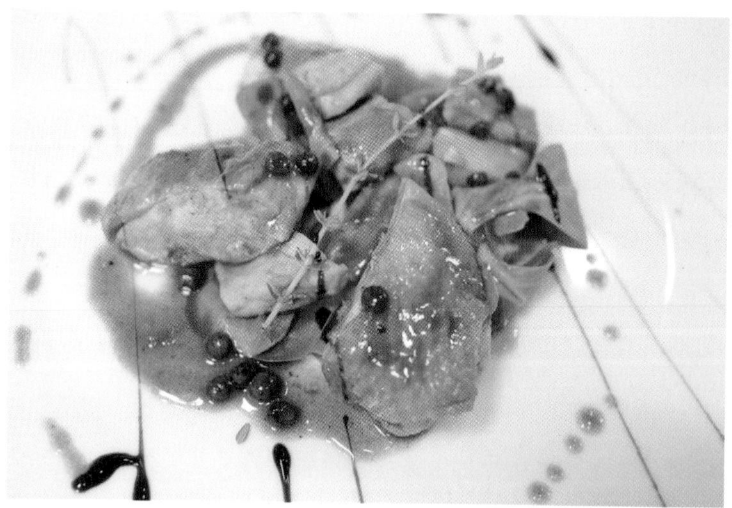

위 고기 요리에 여러 종류의 후추를 사용하면 각기 다른 맛을 느낄 수 있다.

아래 그린페퍼를 이용한 소스가 곁들여진 닭 요리이다.

동남아시아 요리에 종종 사용된다.

후추의 최대 생산국은 어디일까? 콜럼버스가 그렇게 인도를 찾아 서쪽으로 항해를 한 걸로 보아 인도일 것 같지만 안타깝게도 인도는 인도네시아에 이어 후추 생산량 3위다. 최대 후추 생산국은 베트남으로 전 세계 후추의 3분의 1이 생산된다. 우리가 흔히 접하는 후추 대부분이 베트남산이다. 인도는 세계의 후추 종주국이었지만 19세기 프랑스에 의해 인근의 캄보디아, 베트남 특정 지역에 대규모 후추 농장이 세워지고 점차 생산량을 늘리면서 상황이 변했다.

후추도 농산물이다 보니 지역과 가공법에 따라 품질의 차이가 존재한다. 잘 알려진 고급 후추는 캄보디아의 캄포트Kompot 후추다. 캄보디아 프놈펜의 서남쪽에 위치한 캄포트 지역은 고품질의 후추를 키우기 적합하다. 지인이 선물해 준 놀라운 풍미의 후추가 바로 캄포트 후추였다. 13세기부터 후추를 재배해 온 캄보디아는 20세기 주요 후추 생산국이었지만 내전으로 인해 생산량이 곤두박질쳤다. 캄포트 이외의 다른 지역에서도 후추가 생산되지만 여전히 캄포트산 후추를 최고로 친다.

베트남의 고품질 후추로는 캄보디아 캄포트 지역과 인접한 푸꾸옥섬Phu Quoc Island에서 나는 후추가 손꼽힌다. 캄포트 후추처럼 과일 향이나 꽃향기가 처음에 느껴지다가 서서히 찾아오는 매운맛으로 인기가 높다. 인도에선 텔리체리Tellicherry 후추가 유명하다. 인도 남부 케랄라Kerala 지방에 텔리체리라고 불렸던 지명이 있긴 하지만 지역과 큰 상관은 없다. 텔리체리 후추는 일반 후추보다 알갱이가 큰 후추를 골라낸 것으로 알갱이가 클수록 후추의 풍미가 강해 유난히 맛이 좋은 후

추로 알려져 있다.

이 밖에 우리에게 잘 알려지지 않은 형태의 후추도 있다. 쿠베브 페퍼Cubeb pepper는 인도네시아 자바에서 생산되는 후추로 후추처럼 작고 둥글지만 끝에 꼬리가 달려 있는 모양이 특징이다. 과거 유럽에서도 조미료나 약재로 많이 사용했지만 일설에 따르면 16세기 포르투갈 왕이 인도와의 무역 관계 회복을 위해 자바산 후추 수입을 금지하면서 유럽에서 급격히 사라져 버린 비운의 후추다. 보통의 후추보다 더 맵고 쓰며 너트메그(Nutmeg, 육두구), 메이스(Mace, 육두구 껍질)와 비슷한 향을 내 담배와 술, 향수를 만들 때 쓰인다.

롱 페퍼는 이름 그대로 길쭉하게 생긴 후추다. 생긴 건 꼭 말린 무궁화 암술대처럼 생겼는데 후추에는 없는 나무 향과 약간의 단맛, 그 후에 찾아오는 강한 매운맛이 특징이다. 롱 페퍼도 쿠베브 페퍼처럼 과거 유럽에서 종종 쓰인 후추지만 콜럼버스가 신대륙에서 올스파이스Allspice를 발견해 들고 오면서부터 인기가 급격하게 줄어드는 불운을 겪었다.

요즘 국내외를 막론하고 열정 있는 요리사들은 독특한 후추를 이용해 요리에 다채로운 인상을 불어넣고 있다. 최근 다양성이 늘어난 소금처럼 언젠가 각양각색의 전 세계 후추를 손쉽게 만나 보게 될 날도 머지않으리라 기대해 본다.

←

인도에서 후추는 종교 의례의 향을 피우는 데 사용되기도 한다.

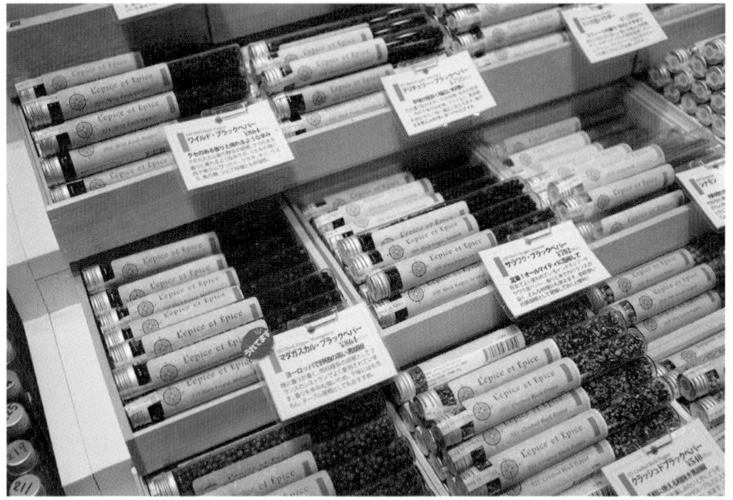

064

위 앞쪽의 연갈색빛 후추가 전 세계에서 최고로 꼽는 캄포트 후추이다.

아래 일본의 한 백화점 식료품 매대에서 다양한 품종의 후추들을 판매하고 있다.

이름처럼 길쭉하게 생긴 롱페퍼.

버터

Butter

음식 풍미를 돋우는 가장 확실한 방법, 버터

맛 좋은 요리를 하기 위한 최소한의 요건은 무엇일까? 무에서 유를 창조할 수 없는 노릇이니 일단 바탕이 되는 식재료가 필요하다. 식재료가 앞에 놓여 있다면 해야 할 일은 선택이다. 삶거나 굽거나 혹은 튀기거나 아니면 소금이나 식초 같은 조미료를 넣어 절이거나 발효를 시키거나. 가장 간편하면서 쉽게 맛을 내는 방법은 기름을 이용해 재료를 간단히 익히는 것이다.

식재료와 기름 그리고 소금만 있어도 얼마든지 맛있는 요리를 만들어 낼 수 있다. 볶음, 프라잉, 소테잉 등으로 불리는 이 방식은 웬만해선 실패하기 어렵다. 재료의 맛과 향이 녹아든 지방이 입안에서 기분 좋은 감촉을 준다. 어떤 기름을 쓰느냐에 따라 맛의 표정은 달라진다. 꼭 필

프랑스의 치즈 장인이 만든 보르디에 버터.

요한 기름이 뭐냐고 묻는다면 올리브유와 버터를 고르고 싶다. 올리브유가 요리에 산뜻하고 경쾌함을 선사한다면 버터는 중후하고 묵직한 풍미를 준다. 어느 하나 포기하기 어려운 주방의 필수품이다.

버터를 연상했을 때 군침보다 느끼함, 무언가 몸에 좋지 않을 것 같은 감정이 든다면 심심한 유감을 전한다. 버터는 죄가 없다. 굳이 따지자면 음식을 너무 맛 좋게 만들어 줘서 인간이 그것을 마음껏 먹고 싶다는 욕구를 불러일으켰다는 '비만 교사죄' 아닐까? 아니 애초에 버터를 넣어 음식을 만든 요리사에게 죄를 물어야 할는지도 모르겠다. 어찌 됐건 콜레스테롤의 주범, 포화지방의 화신 등의 명예 훼손을 당하고 있지만 적당히 사용하고 섭취하면 무한한 기쁨을 주는 재료가 바로 버터다.

버터는 우리에겐 그다지 익숙하지 않은 재료다. 본래 유목을 하던 지역에서 남는 우유를 처리하기 위해 가공해 만든 것이 버터이기 때문이다. 유목민이 들고 다니던 가죽 통 안에서 흔들리던 우유에서 지방과 단백질이 서로 뭉치면서 버터가 우연히 만들어졌다는 설이 있다. 우유는 액체지만 유당과 단백질, 지방 등이 고루 퍼져 있는 일종의 혼합물이다. 지금이야 원심분리기를 통해 손쉽게 액체와 고체를 분리하지만 예전엔 수작업을 통한 고된 노동을 거쳐야 버터를 만들 수 있었다.

오늘날 버터를 만드는 과정은 이렇다. 원유(지방 함유량 3.5%)를 저온 살균하면 일반 우유가 되고 여기서 지방을 일정량 분리하면 저지방 우유(1.5%), 분리된 지방이 모여 크림(10~48%)이 된다. 저지방 우유에서 지방을 더 제거하면 무지방 우유(0.1%), 크림에서 수분을 더 없애면 버터가 만들어진다. 버터는 약 80%의 지방뿐만 아니라 물 12% 그리고 유당과 단백질 등 우유에 포함된 고형물로 구성된다. 버터 1㎏을 만들기 위해선 대략 20ℓ의 우유가 필요하다. 버터가 비싼 이유는 여기에 있다.

유럽에서는 영국, 스칸디나비아, 네덜란드 등 북부 유럽과 스페인, 프랑스, 북이탈리아 등 서유럽 지역에서 전통적으로 버터를 만들어 왔다. 1870년 덴마크의 기계식 크림 분리기가 도입되기 전까지 버터는 지역마다 개성이 강한 수제품이었다. 다른 품종의 소를 키우고, 그 소가 뜯어먹는 풀의 종류도 달라 다양한 맛과 향을 갖고 있었다. 19세기 후반 규모의 경제 논리로 인해 버터 산업도 효율과 경제성에 맞춰졌다. 비교적 손쉽게 구할 수 있고 가격도 다소 저렴해졌지만 한동안 과거와 같은 다양성은 기대하기 어려웠다. 오늘날 되살아나고 있는 유럽

의 전통 식재료들, 치즈와 빵, 육가공품처럼 버터도 다시 전통 방식으로 만들자는 대열에 합류하면서 선택의 폭은 수년 전에 비해 훨씬 다양해졌다.

버터는 크게 소금의 첨가 유무에 따라 무염, 저염, 가염 버터로 나뉜다. 소금을 첨가한 건 과거 버터의 부패를 늦추기 위해서였다. 요즘은 보존보다는 맛과 용도에 따라 구분한다. 약 2%의 소금을 더한 가염 버터는 무염 버터보다 훨씬 풍미가 강하다. 더 고소하고 맛이 좋다는 의미다. 빵에 펴 발라 먹는 용도라면 가염 버터를, 요리나 베이커리에 사용할 거라면 무염 버터를 선택하는 편이 낫다. 최근엔 버터 제조 과정에서 발효를 거쳐 산뜻한 산미와 미묘한 풍미를 첨가한 발효 버터도 찾아볼 수 있다. 유럽에 비해 국내에서 만들거나 또는 수입된 버터들의 종류는 그리 많지 않지만 각기 고유한 맛과 향을 간직하고 있다.

버터를 이용해 간단한 볶음 요리를 할 땐 딱 하나만 주의하면 된다. 너무 센 불에서 요리하지 않을 것. 버터 안에 있던 우유 고형물들이 타면서 쓴맛이나 탄맛을 낼 수 있기 때문이다. 정제 버터를 만들면 탈 걱정 없이 요리에 은은한 버터 향을 줄 수 있다. 버터를 뭉근하게 녹인 후 침전물을 가라앉혀 맑은 기름만 따로 모으면 완성이다.

어떤 버터를 사야 하느냐고 묻는다면, 그건 전적으로 취향에 달렸다고 하겠다. 요즘처럼 집에 있는 시간이 많을 때 다양한 버터를 사다 놓고 본인의 취향을 찾아보는 것도 유의미한 일이 되지 않을까.

닭 껍질 사이에 버터를 넣고 통째로 구우면 껍질이 더 바삭해지고 풍부한 맛이 난다.

빵에 펴 발라 먹는 용도라면 소금을 더한 가염 버터가 좋다.

사프란 Saffron

10

황금빛 사프란,
이토록 비싼 향신료라니

'세계에서 가장 비싼 향신료', '황금보다 비싼 식재료'. 사프란Saffron에 따라붙는 수식어다. 이런 최상급 수식어는 해묵은 이야기일지라도 언제나 대중의 이목을 잡아끈다. 호기심을 자극하는 이야기에 동하지 않기란 맛있어 보이는 음식을 앞에 두고 맛보지 않는 것과 마찬가지이다.

이런 질문으로 이야기를 시작해 보자. 대체 사프란은 어떤 식재료이길래 황금보다 비싼 대접을 받는 것일까? 사프란이 비싼 식재료인 것은 재배할 수 있는 조건이 까다롭고 노동력이 어마어마하게 드는 데 비해 수확량이 많지 않기 때문이다. 사프란은 붓꽃과의 식물인 크로커스Crocus sativus의 붉은 암술대를 말한다. 1년 중 가을에만 꽃을 피우는데

소설《돈키호테》의 배경으로 유명한 스페인 라만차 지방의
사프란을 제일로 친다.

꽃을 손수 따서 암술을 분리한 후 건조해 만든다. 암술은 작고 연약해 기계로 수확하기 어렵다.

사프란 1kg을 얻기 위해선 15만 송이의 꽃을 따야 한다. 한 사람이 400시간 이상 노동해야 수확할 수 있는 양이다. 게다가 수확 가능한 시간은 단 2주. 사람 손이 많이 간다는 건 곧 인건비 상승으로 연결된다. 다행인 건 사프란 꽃이 햇빛을 고스란히 받는 들판을 좋아한다는 점이다. 만약 산속에서 자라는 야생화였다면 그 가치는 더 높아졌으리라.

사프란은 원산지에 따라 가격이 천차만별이다. 세계 생산량의 90% 이상이 중동 지역에서 나온다. 국제 거래가 기준 중동산은 1g당 1~2유로 선, 스페인과 이탈리아, 독일 등 유럽산과 미국산은 6~8유로 선에서 거래된다. 가장 비싼 사프란은 1g당 약 1만 원인 셈이다. 요즘이야 금값이 치솟았지만, 사프란이 금보다 비싼 적도 있었다.

이토록 비싼 사프란은 식재료로서 어떤 가치가 있을까? 우리 입맛을 기준으로 봤을 때 맛으론 딱히 매력이 없다. 약간의 쓴맛과 금속성의 날카로운 요오드 맛을 품고 있다. 품질이 좋은 사프란은 단맛도 난다고 하지만 아무래도 우리가 익숙해질 만한 맛과 향과는 괴리가 있다.

중동과 유럽에서 사프란은 맛을 내는 용도보다 식재료를 황금빛으로 물들이는 착색제로 사랑받았다. 보통 따뜻한 물에 불려 색을 우려낸 후 요리에 활용한다. 쌀을 익히거나 국물 요리를 할 때 사프란을 넣으면 먹음직스러운 노란빛으로 물든다. 오래 열을 가해도 색이 거의 변하지 않는다.

대부분의 향신료가 그랬듯 사프란은 약용으로도 사용됐다. 주로 진정제와 소독제로 쓰였는데 로마인들은 사프란을 섞은 물을 실내 청정을 위해 곳곳에 뿌려 댔고, 흑사병이 창궐한 14세기 무렵 사프란이 다른 몇몇 향신료와 함께 병을 막는 효과가 있다고 알려져 유럽에서 수요가 급격히 늘어나기도 했다. 물론 그들이 기대한 만큼의 효과는 없었지만 말이다.

유럽의 대표적인 사프란 생산지는 스페인이다. 세르반테스Miguel de Cervantes Saavedra의 소설 《돈키호테》의 배경으로 유명한 라만차 지방의 사프란을 제일로 친다. 아랍인들은 약 800년간 이베리아반도에 머무르면서 사프란을 이용한 쌀 요리를 스페인에 전했다. 오늘날 스페인 음식의 대명사로 불리는 황금빛 파에야가 그 유산이다. 이탈리아도 사프란 생산지로 손꼽힌다. 리소토 알라 밀라네제Risotto Alla Pescatora는 파에

사프란이 들어가 황금색을 띠는 스페인 대표 요리, 파에야.

야와 마찬가지로 사프란을 이용해 금빛으로 물들인 쌀 요리다. 프랑스에서는 주로 부야베스 같은 해산물 요리에 사용한다.

17세기까지만 해도 사프란은 유럽에서 요리사와 약제사 그리고 염색업자가 탐내는 인기 향신료였다. 맛의 불모지인 영국에서도 사프란이 재배됐는데 18세기를 맞이하면서 몇 가지 이유 때문에 사프란 경작지는 지속적으로 감소했다. 먼저 산업혁명이 진행되면서 노동력이 농업에서 공업으로 집중됨에 따라 시간과 노력이 많이 드는 농업은 기피됐다. 같은 노동력과 시간이면 사프란을 재배하는 것보다 공장을 세우는 게 훨씬 이익이었기 때문이다. 여기에 사프란을 주로 소비하던 상류층의 취향이 바뀐 게 결정타를 날렸다. 사프란보다는 커피나 차, 바닐

이탈리아의 요리사가 사프란이 들어간 리소토를 만들고 있다.

라 등 다른 향신료와 기호품에 더 관심을 쏟기 시작한 것이다.

사프란은 여전히 중동과 인도, 북아프리카 그리고 일부 유럽의 전통 음식에 사용된다. 사프란 없이는 파에야를 노랗게 물들일 수가 없다. 이 때문에 요리사들은 혀를 내두르면서도 사프란을 구매한다. 한국에 사프란과 비슷한 효과를 내는 식재료로 치자가 있다. 말린 치자 열매는 맛과 향은 다소 다를지 모르나 사프란과 동일한 착색 성분을 갖고 있고 약효 또한 유사하다. 음식을 황금빛으로 물들이려면 비싼 사프란보다 치자가 좋은 대안이 될 수 있다. 강황도 향이 강하긴 하지만 착색제로 좋은 대안이 된다. 파랑새는 우리 가까이에 있는 법이다.

Part

2

음식의 속사정

카레

Curry

11

인도에서 한국까지,
카레의 기구한 운명

누구에게나 고향은 있다. 사전적 정의에 따르면 고향은 태어나고 자란 곳만 의미하지 않는다. 마음속 깊이 간직한 그립고 정든 장소도 될 수 있다. 그런 의미에서 저 멀리, 한국 밖에서 고향의 향수를 느끼는 곳이 있다. 바로 인도다. 많은 사람이 '오해'하지만, 인도와 유전적인 연관성은 딱히 없다. 20대 시절 배낭과 카메라 하나 둘러매고 호기롭게 인도 대륙을 종횡무진했던 추억이 있을 뿐이다.

이제는 시간이 꽤 흘러 북으로는 카슈미르Kashmir, 남으로는 케랄라Kerala까지 유유자적했던 그때의 기억은 희미하다. 생각하지 않으면 잊힌다는 말처럼 그동안 유럽을 오가는 동안 오랫동안 인도를 잊고 지냈다. 그러다 우연한 기회에 인도가 내게 찾아왔다. 정확하게는 수년 만

에 찾은 인도 음식점에서 맡은 인도 음식의 향기가 고이 자고 있던 기억을 세차게 흔들어 깨웠다. 그 순간만큼은 식당 의자에 앉아 있던 사람은 서른 중반의 내가 아닌 온몸으로 인도를 맛보고 있던 이십대의 나였다.

인도를 다녀왔다고 하면 사람들이 늘 물어본다. 인도 카레는 뭔가 다르냐고. 카레의 고향이 인도인 것은 맞다. 하지만 카레라는 음식은 인도에서 찾아볼 수 없다. 웬 뚱딴지같은 소리냐고 할 수 있겠지만 인도에 카레처럼 생긴 걸쭉한 수프나 소스 같은 음식은 있어도 카레로 부르지 않는다. 인도 현지에서는 카레 대신 마살라Masala란 말을 쓴다. 마살라는 인도 요리에 두루 사용하는 으깬 향신료 혼합물이다. 마살라가 들어간 요리는 치킨 티카 마살라Chicken tikka masala, 팔라크 파니르Palak paneer, 빈달루Vindaloo 등 각각 고유의 이름을 갖고 있다. 카레는 단지 외국인들이 마살라가 들어간 인도 요리를 편의상 일컫는 말일 뿐이다.

카레 하면 떠오르는 샛노란 색깔의 소스에 덩어리진 채소와 고기가 어우러진 이미지는 사실 인도 카레와 큰 괴리가 있다. 우리나라의 카레는 적어도 세 나라를 거쳐 들어와 변형된 음식이다. 시작은 물론 인도다. 영국은 19세기부터 인도를 식민 지배하면서 본격적으로 수탈을 시작했다. 지위 고하를 막론하고 많은 영국인들이 인도에서 생활하거나 다녀가면서 자연스레 영국에선 인도풍 음식이 유행했다. 그중 채소와 고기를 덩어리째 넣고 익힌 유럽식 스튜Stew와 인도의 마살라가 결합하면서 우리가 알고 있는 유사한 형태의 카레가 탄생했다.

인도의 화려한 향신료 믹스는 밋밋하고 자극이라곤 짠맛뿐인 영국 음식에 활기를 불어넣었다. 사람들은 자극적이고 이국적인 맛에 매료됐고, 영국식 인도 요리인 카레는 국민 요리로 자리잡게 되었다. 워낙 인기가 많다 보니 영국 해군의 식단에도 카레가 있었다. 19세기 당시 영국 해군은 세계 최강이었고, 서양의 제도를 본떠 나라를 부강하게 만들려는 일본에게 영국 해군은 벤치마킹 대상이었다. 일본에 주둔하던 영국 해군이 카레를 매주 먹는 것을 본 일본 해군도 이를 따라 하기 시작했고, 주식인 쌀과 카레소스를 더해 카레라이스를 만들어 매주 보급했다.

영국인들이 카레 맛에 금방 반한 것처럼 일본인들도 카레의 독특한 맛에 매료됐고, 일제 강점기 시절 우리나라에 처음 상륙했다. 초기에는

인도 현지에서는 카레 대신 마살라란 말을 쓴다.

카레 파우더를 이용해 조리법이 복잡하고 오래 걸리는 고급 음식이었지만, 손쉽게 카레를 만들 수 있는 고체형 카레가 등장하면서 점차 대중화되기 시작했다. 카레가 진정한 한국의 국민 요리로 자리잡게 된 건 레토르트 형태의 '3분 카레' 제품이 등장하면서부터다. 한국의 카레는 초기에는 일본 음식과 유사했지만 점차 한국인의 입맛에 맞게 변형됐다. 강황의 영양 성분을 강조하면서 노란색을 띠는 황금빛이 카레의 이미지로 굳어졌다.

음식은 국경을 넘고 인종과 문화가 뒤섞이면서 다양한 형태로 재창조된다. 인도에서 출발한 마살라 요리는 카레가 돼 영국과 일본 그리고 한국을 거쳐 오면서 수많은 변형을 낳았다. 한식이 전 세계에 퍼지고 현지화하면서 변형되는 것처럼. 한 인도 식당 사장은 한국의 카레를 맛보고 적잖은 충격을 받고는 진짜 인도의 맛을 보여 주기 위해 식당을 열었다고 한다. 굳이 멀리 나가지 않아도 정통 인도식 카레, 일본식 카레, 건더기가 듬뿍 들어 있는 노란색의 엄마표 카레 등 유형별로 취향대로 고르고 맛볼 수 있는 시대다.

흥미로운 이야기가 하나 더 있다. 한 번쯤 들어봤을 법한 바몬드 카레는 일본에서 유행한 건강법에서 비롯됐다는 사실. 미국 버몬트주Vermont의 특산물인 사과와 꿀을 이용한 '버몬트 건강법'이 일본에서 잠시 인기를 끌면서 카레에도 사과와 꿀을 넣어 탄생했다. 당연히 미국엔 버몬트 카레가 없다. 버몬트주를 일본식으로 발음해 만든 바몬드 카레의 고향은 미국이 아니라 일본이다.

위 한국의 인도 레스토랑에서 볼 수 있는 인도 요리.

아래 스테이크 토핑을 얹은 일본식 카레.

채소와 고기를 덩어리째 넣고 익힌 유럽식 스튜와 인도의 마살라가 결합하면서 우리에게 익숙한 형태의 카레가 탄생했다.

프랑스 파리의 한 백화점 향신료샵에서 판매하는 각종 향신료와 카레 파우더.

파스타
Pasta

우리가 그토록 파스타에 열광하는 이유

와인과 흔치 않은 음식을 곁들이는 콘셉트의 비스트로를 연 지 3개월이 지났을 때, 그동안 가장 많이 팔린 음식이 무얼까 확인해 보니, 이런, 파스타였다. 이탈리아 요리 학교를 졸업하고 시칠리아에서 요리를 배워 온 셰프가 파스타를 많이 파는 게 이상한 일인가 싶기도 하겠지만 사실 파스타만큼은 '덜' 팔고 싶었다.

이유는 간단했다. 한국에 와 보니 파스타는 더 이상 특별한 음식이 아니었다. 이미 차고 넘치는 이탈리안 식당들이 저마다 파스타를 만들어 파는데 굳이 숟가락을 얹고 싶은 마음이 들지 않았다. 더 다양한 음식을 맛보여 주고 싶다는 요리사의 고집이자 욕심으로 파스타 메뉴를 넣지 않고 싶었다. 그래도 하나쯤 있어야 하지 않겠냐는 주위의 조언

이탈리아 북부 가르다 호숫가의 한 레스토랑에서 내놓은 엔초비 파스타.
현지의 파스타는 생각보다 단출하다.

에 못이겨 매번 소스가 바뀌는 파스타를 만들던 터였다. 결과적으로 가장 많이 팔린 메뉴가 파스타였다는 걸 보고 파스타의 인기를 새삼 실감할 수 있었다.

전 세계에서 자국 음식 말고 가장 많이 먹는 외국 음식은 무엇일까? 맞다. 바로 파스타다. 이탈리아 사람들만 파스타를 주식처럼 먹는 게 아니다. 미국, 프랑스, 영국, 독일, 네덜란드뿐만 아니라 아프리카, 일본, 중국에서도 즐겨 먹는다. 물론 한국인도.

유럽뿐 아니라 어디를 가든 파스타를 만드는 식당을 찾아볼 수 있고, 슈퍼마켓에 가면 다양한 면과 소스를 만날 수 있다. 아마 한국도 짜장

우리가 일반적으로 접하는 스파게티 면은 건면에 속한다.

면을 제치고 파스타가 '국민 면 요리'의 위상을 거머쥔 듯해 보인다. 남녀노소 구분 없이 무난하게 즐기는 파스타는 어째서 전 세계인의 사랑을 받게 됐을까?

이탈리아에서 파스타는 단순히 가늘고 긴 면 요리만이 아니라 밀가루 반죽으로 만든 요리를 통칭한다. 파스타는 반죽 성질에 따라 크게 건면과 생면으로 나뉜다. 건면은 단단한 경질밀을 반죽하고 면을 압착해 뽑아낸 후 건조한다. 수분이 거의 없어 오래 보관이 가능하고 식감이 단단하다. 우리가 일반적으로 접하는 스파게티 면은 건면에 속한다.

생면은 건면과는 정반대 지점에 있다. 경질밀이 아닌 부드러운 밀가루에 물 대신 주로 달걀을 넣어 만든다. 우리의 칼국수나 수제비와 같은 식감인데 필요에 따라 경질밀을 섞어 입안에서 씹히는 맛을 살리기도 한다. 감자와 밀가루를 섞어 만든 뇨키Gnocchi도 파스타의 일종이라고 보면 된다.

만드는 방식에 따라 구분하기도 한다. 먼저 면의 형태로 소스와 함께 먹는 파스타가 있다. 여기에는 우리에게 익숙한 면 모양새의 스파게티와 링귀니Linguine, 페투치니Fettuccine를 포함해 펜네Penne, 마카로니Macaroni, 푸실리Fusilli 등 짧은 파스타도 포함된다. 끓는 물에 익힌 후 토마토소스나 오일소스 등에 버무려 먹는 것이 여기에 속한다.

만두처럼 각종 소를 채운 파스타가 있다. 주로 이탈리아 중북부에서 많이 찾아볼 수 있는데 크기나 모양에 따라 라비올리Lavioli, 토르텔리니Tortellinis, 아뇰로티Agnolotti 등의 이름으로 각각 불린다. 다 똑같아 보이지만 이탈리아 사람들은 귀신같이 구분한다. 대부분 생면으로 만들며 만둣국처럼 고기나 채소로 만든 수프인 브로도Brodo에 넣어 먹는다.

오븐에 구워 만드는 파스타도 있는데 가장 대표적인 게 라자냐Lasagna다.

사실 이탈리아에서도 파스타가 대중적인 음식이 된 건 비교적 근래의 일이다. 중세 무렵 아랍인들은 이탈리아 남부의 섬 시칠리아에서 건면 파스타를 생산했고, 북부에서는 생면 파스타가 등장했는데 당시 꽤 값비싼 식재료였다. 서민들이 파스타를 마음껏 먹을 수 있게 된 건 18세기에 이르러서다. 산업화로 공장이 들어서면서 대량 생산이 가능해진 것이다. 기근 문제를 해소하기 위해 파스타가 공급되기 시작했고 배고픔을 해결하는 주요 음식으로 자리잡을 수 있었다.

파스타의 장점이자 미덕은 만들기가 의외로 간편하다는 점이다. 오래 보관할 수 있다는 건 언제 어디서나 만들어 먹을 수 있다는 걸 의미한다. 필요한 건 오로지 어떤 소스를 곁들이냐는 문제다. 어떤 면을 사용하고 어떤 소스를 만드냐에 따라 무궁무진한 변주가 가능한 게 파스타의 매력이다. 김치, 명란, 먹다 남은 시금치나 스팸을 넣어도 위화감 없이 잘 어울린다. 만드는 이의 창의력과 상상력이 필요한 요리기도 하다.

이탈리아에서 다양한 파스타를 맛보며 내린 결론은 하나였다. 파스타의 본질은 얽매이지 않는 '자유로움'이라고. 파스타에 정답은 없다. 이탈리아 지역마다 존재하는 독특한 파스타들은 그 지역 사정에 따라 역사적, 문화적 맥락에 따라 창조돼 왔다. 나폴리에서는 나폴리에서 나고 자란 재료로, 시칠리아에서는 시칠리아의 재료로 파스타가 완성된다. 이탈리아를 떠나도 마찬가지다. 어디에서나 적응할 수 있는 요리, 이것이 파스타가 세계인의 사랑을 받는 이유다.

이탈리아 시칠리아에서 맛본 파스타. 파스타의 본질은 얽매이지 않는 '자유로움'이다.

추로스
Churros

추로스와 초콜릿,
그 치명적인 궁합

한때 추로스가 길거리 간식으로 인기를 끈 적이 있다. 한 번 유행한다 싶으면 화끈하게 여기저기 생겨나는 게 당연한 수순. 달콤한 설탕과 시나몬 가루 옷을 입힌 갓 튀겨낸 추로스는 누구라도 좋아할 매력을 뽐냈고, 많은 이들의 간식으로 사랑받았다. 지금은 상황이 달라졌다. 살아남은 몇몇 전문점을 제외하고 따끈한 추로스를 맛보기란 쉽지 않은 일이 됐다. 아마도 찹쌀 꽈배기라는 강력한 경쟁자를 넘어서지 못한 게 아닐까도 싶다.

스페인의 국민 간식인 추로스는 여러모로 찹쌀 꽈배기와 많이 닮아 있다. 둘 다 대표적인 길거리 음식이라는 점, 만들기 간편하고 거창한 재료가 필요하지 않는다는 점, 기름에 튀긴 후 설탕을 뿌려 먹는다는

스페인 국민 간식 추로스. 여러모로 찹쌀 꽈배기와 닮아 있다.

점 등이다. 스페인에선 추로스는 아침에, 또는 점심 후 저녁 전에 카페나 노점 의자에 앉아 수다를 즐기며 먹는 간식으로 통한다. 한 번 손대기 시작하면 쉽사리 끊기 힘든 중독성 강한 매력이 있다.

추로스는 치명적인 마력을 가졌지만 한편으론 굉장히 소박한 음식이다. 온라인에 여러 레시피가 떠돌아도 가장 클래식하고 기본적인 건 밀가루와 물, 소금으로 반죽해 별 모양의 깍지를 끼운 짜는 주머니에 넣어 길게 튀겨 내는 방식이다. 황당할 만큼 쉽고 단순하지만 추로스가 국민 간식이 된 데는 중요한 요소가 숨어 있다. 바로 별 모양의 깍지다.

별 모양의 재료를 튀기면 기름에 닿는 표면의 수분이 순식간에 증발하면서 공간이 생기는데 이 덕분에 우리는 바삭함을 느낀다. 추로스가 만약 별 모양이 아니라 단순히 원형이었다면 어땠을까? 추로스의 친척뻘인 포라Porra는 반죽을 원형으로 길게 뽑은 후 튀긴 음식이다. 추로스와 비슷하지만 결정적으로 모양이 다르다. 별 모양은 원형보다 표면적이 훨씬 넓으므로 더 바삭해질 수 있는 구조다. 거기에 깎인 부분만큼 더 길게 뽑아낼 수 있어 경제적이라는 점도 강점이다. 단순해 보이지만 나름 과학적이고 합리적인 이유가 있는 셈이다.

그렇다면 어째서 스페인에서 이런 간식거리가 등장하게 된 걸까? 기원에 대해선 여러 설이 난무한다. 추로스와 관련된 뜨거운 논쟁은 중국 기원설이다. 유탸오油條라는 중국식 튀긴 빵은 추로스와 만드는 방식도 식감도 거의 동일하다. 중국에서는 아침에 두유나 죽에 곁들여 먹는다. 유탸오를 근거로 혹자는 포르투갈 상인들이 왕래하던 마카오를 통해 유탸오가 이베리아반도로 전해져 추로스가 됐을 것이라고 주장한다.

다른 설은 중국 전래설에 정면으로 맞선다. 1세기쯤 로마의 요리책

반죽을 원형으로 길게 뽑은 후 튀긴 포라는 추로스의 친척뻘이다.

인 아피키우스Apicius에 밀가루와 물을 이용한 반죽을 튀기는 요리법이 나와 있고, 추로스처럼 반죽을 압착기로 눌러 튀기는 방식은 16세기 유럽 전역에서 인기 있는 조리법이라는 주장이다. 유럽에서 중국으로 건너갔는지, 중국에서 유럽으로 옮겨 갔는지는 안타깝게도 현대를 사는 우리는 알 도리가 없다. 시시비비를 가릴 결정적인 증거가 없기 때문이다. 어떤 조리법의 기원을 밝힌다는 건 고서에 누군가 명백하게 기록해 놓지 않는 이상 불가능에 가까운 일이다. 역사적인 정황과 사료, 고고학적 증거를 통해 겨우 추측해 볼 따름이다.

추로스가 유탸오, 찹쌀 꽈배기와 차별화되는 중요한 요소가 하나 더 있다. 바로 초콜라테라는 진한 초콜릿 차에 찍어 먹는다는 점이다. 추로스 하면 시나몬과 설탕을 떠올리지만 스페인에서는 초콜라테와 곁들이는 게 공식이다. 우연인지 필연인지 스페인은 유럽에서 가장 먼저 초콜릿을 받아들이고 유행시킨 나라다. 아즈텍인들이 마시던 쓰디쓴 자양강장제인 초콜릿 차는 유럽에 전해지면서 설탕의 단맛으로 쓴맛을 중화시키고 우유를 섞어 부드럽게 만든 밀크 초콜릿 차로 거듭났고, 당시 커피, 홍차와 더불어 상류층이 즐기는 고급 음료로 인기를 얻었다. 나중에 초콜릿의 원재료인 카카오에서 지방을 분리하는 기술이 발명되면서 초콜릿은 고체 형태로 유통되기 시작했다.

추로스와 초콜라테 조합의 역사는 100여 년으로 추정된다. 마드리드의 누군가가 전통 간식 추로스를 초콜릿에 찍어 먹는다는 발상을 했고, 유행처럼 번졌다. 공식적으로는 1894년 문을 연 초콜라테리아 산 히네스Chocolatería San Ginés가 마드리드에서 가장 오래된 추로스 초콜릿 카페로 알려져 있다. 원래 여관이었지만 근처 극장과 나이트클럽에

추로스를 진한 초콜릿 차에 찍어 먹으면 또 다른 맛의 향연이 펼쳐진다.

서 매일 밤 쏟아져 나오는 사람들에게 간식거리를 제공하기 위해 업종을 변경했다고 한다. 새벽녘에 바삭하고 쫄깃한 추로스와 정신이 번쩍 들게 만드는 달콤한 초콜릿을 먹고 얻는 에너지로 밤을 새우며 새해를 맞이하는 게 19세기 마드리드 힙스터들의 전통 아닌 전통이었다나. 요즘엔 꿈만 같은 이야기가 아닐 수 없다.

스페인에선 추로스는 아침에, 또는 점심 후 저녁 전에 카페나 노점 의자에 앉아 수다를 즐기며 먹는 간식이다.

케밥
Kebab

14

케밥,
베를리너들의 소울푸드가 된 사연은?

숨이 턱턱 막히는 교통 체증과 하염없이 솟구치는 부동산 물가에도 불구하고 대도시에 살아 좋은 것 중 하나는 문화생활을 할 기회가 상대적으로 많다는 점이다. 여기엔 식문화의 다양성도 포함된다. 과거에는 양식, 중식, 일식이라는 단순한 범주로 음식이 구분됐다면, 이제는 세계 각국 각 지역의 다양한 요리들을 도심에서 즐길 수 있다. 당신이 마음만 먹는다면 언제든 필리핀, 하와이, 아프리카, 중동 음식을 맛볼 수 있다.

대도시의 식문화는 대개 국경을 초월한다. 심지어 타국 음식이 그 도시의 아이콘이 되기도 한다. 런던 카레, 시카고 피자, 뉴욕 타코처럼 말이다.

베를린 스타일의 되네르 케밥은 채소가 샐러드에 가깝고 소스 종류가 많다.

오늘 이야기할 주인공은 독일 베를린 케밥이다. 케밥은 터키를 비롯한 이슬람 문화권에서 고기를 이용한 음식을 일컫는다. 밀가루로 반죽한 음식을 통칭하는 이탈리아의 파스타와 유사한 개념이다. 긴 면으로 된 스파게티, 옹심이 같은 뇨키, 만두 같은 라비올리를 파스타라고 하는 것처럼 케밥도 조리 방식이나 담아내는 형태에 따라 종류가 무궁무진하다. 꼬치에 끼워 구운 시시 케밥, 첩첩이 쌓아 구운 후 얇게 썰어 먹는 되네르 케밥 등이다.

베를린을 대표하는 케밥은 엄밀히 따지면 되네르 케밥Döner kebab의 일종이다. 되네르란 터키어로 회전한다는 뜻이다. 긴 꼬챙이에 각종 향신료를 넣고 재운 고기를 꿰어 층층이 쌓은 다음 천천히 돌려가며 굽는다. 겉을 바삭하게 익힌 고기를 최대한 얇게 썰어 양배추, 양파, 상추, 토마토 등 신선한 채소와 서너 가지 소스를 곁들여 빵에 끼워 내면 베를린 스타일 되네르 케밥이 완성된다. 터키와 다른 점이라면 채소가 샐러드에 가깝게 다양하고, 소스 종류가 많다는 정도랄까.

되네르 케밥은 어째서 베를리너들이 가장 사랑하는 음식이 됐을까? 독일과 터키 양국 간의 관계에 그 실마리가 있다. 독일의 인구는 8,000만 명 남짓인데 그중 외국인 이민자는 약 700만 명이다. 그중 터키계가 300만 명에 달한다. 터키를 제외하고 터키인이 가장 많이 거주하고 있는 나라가 독일이다. 양국의 인연은 1000년이 넘지만 베를린식 케밥의 연원을 찾으려면 2차 대전 이후 분단 독일까지만 올라가도 된다. 1961년 서독 정부는 노동력 확보를 위해 터키 정부와 노동자 이주 협약을 맺었다. 시기는 이보다 조금 늦지만 1960년대 우리나라에서 광부와 간호사를 파견한 것도 같은 이유에서였다. 기회를 찾아 터키인들

은 독일로 대거 모여들었다.

이주자들이 타국에 와서 가장 먼저 하는 일은 자국 음식을 재현하는 것이다. 동포를 대상으로 한 식당을 열고, 현지에는 없는 고향의 식재료를 다루는 시장도 생긴다. 미국의 사회학자 클로드 피셔Claude Fisher는 "음식을 섭취하는 것을 통해 주체성 관념을 구성할 뿐 아니라 그 개인을 한 사회 집단 속으로 끌어들인다."라고 했다. 이주민들에게 음식이란 단순히 향수를 잇는 데 그치지 않는다. 그들의 정체성을 유지하는 수단이면서 동시에 생계 수단이 되는 것이다. 그렇다면 많은 터키 음식 중 되네르 케밥이 성공한 이유는 무엇일까?

독일 언론《디차이트Die Zeit》1996년 5월 10일 자엔 흥미로운 기사가 하나 있다. 베를린 장벽이 무너진 다음 날, 한 기자가 서독에서 막 돌아

Rüyam®
GEMÜSE KEBAB • traumhaft lecker

온 동독인에게 무엇을 하고 왔냐고 물었다. 그는 의기양양하게 답했다.

"케밥을 먹었다."

베를린 장벽이 무너지기 전까지 되네르 케밥은 서독에서 이미 이색 음식을 넘어 패스트푸드 비즈니스로 성장하고 있었다. 기사에 따르면 케밥 산업이 통일 6년 만에 동독, 특히 베를린에서 급격한 성장을 이루었고, 베를린에서 가장 인기 있는 패스트푸드로 카레 부어스트(카레 가루를 뿌린 소시지)를 제치고 케밥이 1위를 차지했다. 25년이 지난 지금도 케밥의 위상은 변함이 없다.

되네르 케밥은 미국식 햄버거보다도 저렴하면서 동시에 푸짐한 음식으로 독일 사회에서 빠르게 자리잡았다. 이 때문에 항상 허기지고 돈 없는 학생을 비롯해 노동자, 외국인 유학생이나 관광객이 사랑하는 음식으로 손꼽힐 수 있었다. 독일의 전통적인 패스트푸드인 카레 부어스트는 잠시 허기를 달래는 간식에 불과하지만 케밥은 엄연히 한 끼 식사를 대체할 수 있다는 점에서도 유리했다.

1996년 당시 되네르 케밥 하나 가격은 5마르크, 지금으로 따지면 대략 2~3유로 정도다. 2020년 되네르 케밥은 4유로 안팎이었다. 이는 어디까지나 테이크아웃 가격이다. 식당에서 앉아서 먹는다고 하면 음료수까지 더해 우리 돈으로 1만 원 정도에 푸짐한 한 끼 식사를 할 수 있다. 무시무시한 독일의 외식 물가와 주린 배를 생각하면 케밥만큼 만족스러운 선택지가 없는 셈이다. 밤늦게까지 술을 마시고도 그 시간에 열려 있는 식당이 케밥집밖에 없다는 것도 젊은이들의 선택을 받는 데 큰 몫을 했다. 터키의 케밥이 베를리너들의 소울푸드가 된 사연이다.

골수요리

Bone Marrow Dish

15

맛의 정수가 담긴 골수 요리

음식의 세계를 여행하다 보면 종종 '굳이 이런 것까지 먹어야 하나' 싶은 것들을 만나게 된다. 이런 의구심은 문화에 따라 상대적인 경우가 대부분이다. 우리에게 익숙한 구운 김이나 간장 게장은 이역만리에 사는 이방인에겐 못 먹을 기괴한 음식으로 비치기도 한다. 한국의 여러 음식을 소개하는 외국인 유튜버의 영상만 봐도 음식이라는 건 절대적으로 상대적인 문화의 산물이라는 걸 느끼게 된다.

음식에 열망은 크지만 무지했던 시절의 이야기다. 메뉴판에 있는 '본 매로우'라는 단어가 매력적으로 보여 무엇인지도 모르면서 아는 척 주문을 했다. 스테이크 전문 식당이었고, 본은 뼈니까 뼈에 붙은 살이겠거니 짐작했다. 눈앞에 놓인 접시를 보고서야 내가 무슨 짓을 했는지

파리 레스토랑에서 맛본 본 매로우와 드라이에이징 스테이크.

알 수 있었다. 접시 위에는 검게 그을린 뼈 그리고 그 사이에 마치 고름처럼 생긴 무언가 있었다. 소 다리뼈의 골수라고 설명해 준 서버는 동공의 흔들림을 눈치챘을 터. 그때 정확히 이런 생각이 들었다.

'아니, 굳이 이런 것까지 먹을 생각을 대체 누가 했을까?'

동물의 골수, 그러니까 뼈 안에서 혈액을 만드는 부드러운 조직은 구석기 시대 인류 말고도 육식을 하는 동물이라면 누구나 탐을 내던 식재료였다. 대부분 지방으로 이뤄져 칼로리가 높고 철분, 인, 비타민 등

골수 요리로 유명한 영국 런던의 세인트 존 레스토랑은 유명세에 비하면 무척이나 소박하다.

의 함유량이 살코기에 비해 많아 효율적인 에너지원이었다. 혹자는 인류가 아직 치명적인 사냥 기술을 습득하기 이전에 동물들이 먹다 남긴 뼈를 주워다 골수를 섭취했고 그로 인해 두뇌가 발달할 수 있었다고도 주장한다. 단지 쪼개진 동물 뼈를 통해 추론한 것이라 그대로 믿기에는 다소 의심이 가지만, 어쨌거나 동물 뼈에서 골수를 따로 빼내거나 그것을 요리해 먹는 게 비인간적이거나 말도 안 되는 일은 아니었다.

우리가 이해하기 힘든 어떤 주기를 따라 패션의 유행이 반복되듯 골수 요리도 비슷한 길을 걸었다. 18세기 영국과 프랑스의 부유층은 구운 골수 요리를 꽤 선호했다. 당시 상류층의 연회나 만찬에 빠지지 않았고, 뼈의 좁은 홈을 따라 골수를 쉽게 파내도록 특수한 은제 도구도 등장했다. 주방 도구의 역사를 서술한 영국 음식 작가 비 윌슨Bee Wilson은 "자잘한 부엌용품은 그 사회가 무엇에 집착했는지를 보여 준다."라고 했다. 그 말대로라면 전용 도구의 존재는 당대에 인기가 높았다는 걸 증명하는 셈이다.

20세기에 접어들자 지방이 건강의 주적으로 꼽히면서 골수 요리는 더 이상 현대 미식가들의 구미에 맞지 않는 구식 요리로 전락한다. 물론 일부에서는 여전히 골수를 요리해 냈다. 이내 지방에 씌워진 누명이 벗겨지고, 고기와 과일을 먹던 구석기인처럼 먹어야 건강해진다는 '구석기식 다이어트'가 영미권에 유행하면서 골수 요리는 단숨에 '힙한' 요리로 재조명됐다. 2011년 캐나다 음식 작가 제니퍼 맥 라간Jennifer McLaghan이 자투리 부위의 활용법과 의미를 다룬 책을 출간하면서 북미 지역에서 골수의 위상이 높아졌다. 그동안 미국에서 개 사료로 쓰던 값싼 소뼈가 갑자기 미식 재료로 변모하게 된 것이다.

본 매로우와 토스트는 세인트 존 레스토랑의 시그니처 메뉴이다.

골수 요리는 어떤 맛이길래 사랑을 받게 된 것일까? 조그만 단서라도 얻기 위해 영국 런던의 세인트 존 레스토랑을 찾았다. 1994년 문을 연 세인트 존의 셰프 퍼거스 핸더슨Fergus Henderson은 영국 전통 요리의 부활을 시도해 영국인들 사이에선 '셰프들의 셰프'로 통한다. 핸더슨의 골수 요리는 유명세에 비하면 무척이나 소박하다. 오븐에 두 번 구운 골수와 파슬리 샐러드, 구운 토스트 그리고 영국산 바다 소금이 전부다. 뼈 안에 든 골수를 살살 긁어 먼저 맛을 봤다. 소고기를 굽고 난 후 남은 기름을 긁어먹는 듯한데 조금 더 풍미가 강하다. 소의 향이 깊게 밴 기름이라고 하면 조금 이해될까? 남은 골수를 토스트 위에 펴 바르고 약간의 소금을 더한 후 케이퍼, 양파가 어우러진 파슬리 샐러드를 얹어 한 입 베어 물었다. 기름진 골수의 맛이 파슬리 샐러드의 신맛, 토스트의 탄내와 어우러져 묘한 조화를 이루었다.

맥라간은 골수 요리를 두고 '가난한 자의 푸아그라'라고 극찬했다. 잘 구워 간을 한 골수는 푸아그라 못지않게 풍미가 훌륭하다는 것이다. 지방이 풍부해 전통적으로 버터나 라드의 대체 재료로도 사용됐다. 지방이 적은 소고기 스테이크에 버터소스를 끼얹기도 하지만, 이왕이면 훨씬 풍미가 강한 지방인 골수를 고기와 함께 먹으면 맛이 더 배가된다는 것이다. 뼈를 갈라 안에 든 골수를 먹는 것이 기이하게 보일 수 있지만 남김 없이 식재료를 사용한다는 관점에서 보면 의미 있는 일이기도 하다. 그러고 보니 우리도 의식하지 않았지만 골수 요리를 자주 즐기고 있다. 진하게 우려낸 사골 국물도 결국 넓은 범위에서 보면 골수 요리의 하나이니 말이다.

장어 젤리

Eel Jelly

좋아하거나, 싫어하거나
노동자들이 사랑한 장어 젤리

음식에 대한 글을 쓰는 일을 하는지라 필자는 가끔 미디어에 본의 아니게 '미식 칼럼니스트'로 소개되기도 한다. 눈이 휘둥그레질 정도의 맛있는 음식을 찾아 얼마나 맛있느냐에 대한 이야기를 하는 이처럼 보일 수 있지만 정작 음식 맛에는 관대한 편이다. 맛이 있고 없음은 접시 위에만 있지 않다는 걸 깨닫게 된 순간부터 감각적인 맛 그 자체보다는 스토리가 있는 음식에 마음을 주게 됐다. 산해진미보다 오랜 시간 살아남은 음식 그리고 곧 사라질 것이 분명해 보이는 음식을 사랑한다. 영국 런던 취재 길에서 만난 장어 젤리가 그런 음식이다.

장어 젤리라고 해서 장어 맛이 나는 달콤한 젤리를 상상하면 곤란하다. 조리법은 간단하다. 토막 낸 장어를 향신료를 넣어 삶은 후 그대로

영국 런던에 있는 장어 젤리 전문 식당 에프 쿠크(F.Cooke).

식힌다. 장어에 함유된 젤라틴 성분으로 인해 식으면 육수가 젤리처럼 굳는다. 오래 끓인 사골곰탕이나 삼계탕을 냉장고에 넣으면 벌어지는 현상과 같은 원리다. 단지 우리는 다시 데워 따뜻한 국물째 먹지만 장어 젤리는 차가운 채로 먹는 게 다를 뿐이다. 동네와 취향에 따라 따뜻하게 데워 먹기도 한다.

장어 젤리는 생선 튀김인 피시앤드칩스, 간 고기를 넣어 만든 민스파이와 함께 대표적인 코크니Cockney 푸드로 통한다. 코크니란 런던에 거주하는 노동자 계층을 낮춰 부르는 말이다. 지역을 막론하고 노동자 음식에는 몇 가지 공통점이 있다. 먼저 값이 저렴해야 하고 열량이 높

아야 한다. 또 빠르게 많이 만들어야 하니 조리법이 복잡하지 않아야 하고, 거리에서 서서도 먹을 수 있는 단품이어야 한다. 다시 말해 노동자들이 빠르고 간편하게 먹을 수 있는 패스트푸드여야 한다는 것이다.

장어 젤리의 탄생 배경에는 경제적 이유가 가장 컸다. 강에서 손쉽게 잡히는 민물장어는 내륙에 거주하는 이들에게 유용한 식재료였다. 장어는 소금에 절이거나 식초에 절인 다른 생선과는 달리 훨씬 신선한 상태로 먹을 수 있었다. 이는 질긴 장어의 생명력과도 연관이 있다. 물에서 건져 올려도 쉬이 죽지 않아 운송과 보관이 용이했기 때문이다. 그 누구도 장어가 보양식이라고까지는 생각하지 않았지만 담백한 살코기 맛에 매료돼 중세 왕과 귀족 그리고 수도원의 식탁에 자주 올랐다.

중세의 유럽은 음식의 성질로 건강을 다스릴 수 있다는 이른바 4체액론이 지배하던 시대였다. 모든 음식은 네 가지 성질, 즉 뜨겁고 차가운 것, 습하고 건조한 것으로 이루어져 있으며 우리 몸 또한 이 네 가지 성질이 조화를 이뤄야 건강한 상태라고 여긴 것이다. 장어를 비롯한 생선은 차갑고 습한 것으로 간주되었고 조리법이나 함께 먹어야 할 음식의 성질은 반대되는 것이어야 했다. 따라서 불에 굽는 방식과 튀기는 방식은 뜨겁고 건조해 생선 요리에 적합한 조리법이었다.

13세기 신학자이자 의사, 과학자였던 알렉산더 네캄Alexander Neckam은 생선은 뜨겁고 건조한 성질을 가진 와인과 녹색의 허브소스와 함께 먹어야 한다고 주장했다. 오늘날 장어 젤리와 함께 세트로 나오는 민스파이와 매시트포테이토에 녹색 파슬리소스를 끼얹어 먹는 방식의 연원을 엿볼 수 있는 대목이다.

강과 바다에 넘쳐났던 장어는 대구와 함께 18세기 중반 굶주린 도시

노동자의 배를 채우는 식량자원이었다. 처음에는 장어 파이의 형태로 길거리 노점에서 판매됐다. 장어 파이가 식으면서 속은 젤라틴으로 인해 젤리처럼 굳어졌는데, 내용물이 흘러내리지 않으니 한 손으로 간편하게 먹을 수 있어 인기가 높았다. 그러나 템스강이 오염되고 장어 개체 수가 급감하자 장어 가격은 점점 높아졌다. 2차 대전 후 장어 공급이 줄자 장어 파이는 다진 소고기를 넣은 민스파이로 바뀌었고 장어는 젤리 형태로 따로 판매됐지만 한동안 여전히 노동자들의 고단함을 달래주는 인기 음식으로 통했다.

2000년대 들어 영국산 장어는 씨가 마르다시피 했고, 유통되는 대부분의 장어는 네덜란드와 아일랜드에서 수입된 것들이다. 수입산 장어 가격이 점진적으로 오른 건 다른 문제에 비하면 그나마 사소한 편이었다.

다른 패스트푸드 경쟁자들의 등장, 새로운 세대들의 외면과 젠트리피케이션Gentrification에 따른 주 소비층의 감소, 배달 음식의 유행 등이 더 큰 위협으로 다가온 것이다. 한때 민스파이와 매시트포테이토 그리고 장어 젤리를 파는 식당은 런던에서만 100여 개가 넘었지만 지금은 열 곳이 채 안 될 정도로 그 수가 줄었다. 150년 넘는 전통이 곧 사라질 위기에 닥친 셈이다.

장어 젤리의 맛은 어떨까? 영국의 기괴한 음식으로 종종 소개되지만 맛은 그리 이상하지 않다. 조리법이 단순해 장어 본래의 맛과 향을 선명하게 느낄 수 있다. 예상과는 달리 비린내도 거의 없다. 여기에 전통적으로 매운 고추를 식초에 절인 소스를 뿌려 먹으면 훨씬 맛이 다채로워진다. 젤리처럼 굳은 육수는 비록 질감은 익숙하지 않지만 가만히 음미해 보니 어릴 적 어머니가 만들어 주신 장어 지리탕의 맛이 났다. 맛이 정말 좋다는 말은 쉬이 나오지 않지만 언젠가 사라질지 모르는 음식이라고 생각하면 맛 같은 건 아무렴 어떤가 싶기도 하다.

처트니
Chutney

17

더워서 입맛 없을 땐
새콤달콤 짭조름한 처트니

찌는 듯한 무더위엔 만들어 보고픈 음식이 있다. 여름날 허해진 몸에 기운을 불어넣어 준다는 보양식도, 시원한 냉면이나 콩국수같이 차가운 냉요리도 아니다. 떠올리기만 해도 침샘이 자극되는 새콤달콤 짜릿한 처트니Chutney가 바로 그 주인공이다.

처트니라는 이름은 다소 생소할 수 있다. 한국에서 먹어 볼 기회가 별로 없는 음식이기도 하고, 아마도 인도 요리 전문 식당에서 한 번쯤은 맛보았을 수 있지만 기억에 남지 않았을 가능성이 높다. 하나의 완성된 요리라기보다 일종의 소스에 가까운 음식이기 때문이다.

우리야 여름 한철만 덥고 말지만 사계절 내내 덥거나 습한 나라에 사는 이들에겐 입맛을 돋우는 일이 무엇보다 중요하다. 태국이나 베트남

처트니는 새콤달콤 짭조름한 맛과 향이 매력적이다.

등 동남아 음식을 한번 떠올려 보자. 설탕으로 단맛을 주고, 레몬이나 라임 등 신맛을, 피시소스나 발효시킨 새우 등으로 짠맛과 감칠맛을 적절히 입혀 준다. 타마린드, 생강, 바질, 고수, 민트 등 향신료와 허브로 다채로운 맛을 불어넣는다. 그래야 더워도 음식이 먹힌다.

옆 나라 인도도 마찬가지다. 사시사철 더우니 딱히 보양식 같은 걸 찾아 먹는 문화는 없다. 더위를 잘 버틸 수 있는 음식으로 평소의 식단을 구성할 뿐이다. 그 역할에 충실한 것이 바로 처트니다.

처트니는 인도가 고향이지만 크게 인도식과 영국식으로 나뉜다. 원조 격인 인도식 처트니는 굳이 비교하자면 이탈리아의 페스토에 가까운 형태의 음식이다. 만드는 방식과 원리도 유사하다. 인도식 처트니는

위 영국 런던에서 인기 있는 식당 중 하나인 인도 레스토랑 디슘.

아래 인도식 처트니와 다르게 단맛이 강조된 영국식 처트니.

지역에 따라 그 조합은 천차만별이지만 대개 신선한 과일과 채소, 견과류에 향신료를 한데 모아 으깨거나 갈아서 만든다. 되직하게 만든 처트니는 따로 익히지 않고 그대로 식탁에 올린다. 먹기 전에 인도식 버터인 기Ghee나 식물성 기름을 섞어 지방을 첨가해 주기도 한다.

주식이 밀가루로 만든 난과 쌀인 인도에서 처트니는 밥상에 필수다. 탄수화물 위주의 식탁에서 다른 영양소를 보충해 주고 반찬과 소스의 역할을 동시에 해내기 때문이다. 화덕에 구운 난이나 찐 쌀에 처트니 몇 가지만 있으면 무더위에도 굴복하지 않는 한 끼 식사가 해결된다.

17세기 동인도 회사를 설립한 후 인도 음식에 빠져든 영국인들은 이국적이고 강렬한 처트니에도 금방 매혹됐다. 처트니를 본국에 가져가거나 수출하는 과정에서 조리법과 형태가 조금씩 변형됐다.

영국식 처트니는 잼과 피클의 중간 어느 지점에 있는 보존 식품을 의미한다. 야채와 과일, 견과류 그리고 향신료를 첨가한다는 점에선 비슷하지만 설탕, 식초를 넣어 단맛과 신맛을 준 후 뭉근히 익혀 먹는 건 인도식 처트니와 크게 다르다. 영국의 음식 학자들은 본래의 인도식 처트니가 평범한 영국인들이 먹기에 너무 맵고 자극적이어서 그와 같이 변형된 것으로 보고 있다.

카레와 함께 영국으로 향한 처트니는 단조로운 영국식 식사를 잠시나마 즐겁게 해 주는 별미로 자리잡았다. 여러 가지 처트니가 사랑을 받았지만, 그중에 가장 인기 있었던 건 망고 처트니였다. 본래 달고 시고 매운맛이 한데 어우러진 이국적인 맛이었지만 영국인의 입맛에 맞춰 단맛이 크게 강조된 음식으로 변모했다. 먹어 보면 잼 같기도 하다.

영국식 처트니에 관한 흥미로운 일화 중 하나는 인도에서 근무하던 그레이라는 이름의 영국 군인에 대한 이야기다. 먹는 것에 관심이 많고 돈을 버는 것에도 흥미가 있던 그레이 소령Major Grey은 벵골 출신의 요리사와 함께 순한 맛의 처트니를 개발했고 레시피를 조미료 회사에 팔았다. 망고와 건포도, 마늘, 라임, 식초, 타마린드 등이 들어간 이 순한 맛 처트니는 히트했고, 지금도 메이저 그레이 처트니Major Grey's Chutney라는 이름으로 판매되고 있다.

아마도 가까운 미래엔 처트니가 요즘 한국에서 인기를 끄는 페스토의 자리를 꿰찰 가능성이 높다. 바질을 주로 사용하는 이탈리아 제노바식 페스토가 깻잎, 미나리 등 다양한 한국식 재료로 응용된 것처럼 처트니도 무한한 응용이 가능하기 때문이다. 과일뿐만 아니라 단맛이 많이 나는 파프리카나 오이, 가지 등 흔한 채소로 얼마든지 맛있는 처트니를 만들 수 있다.

인도의 많은 가정에서 처트니는 남는 자투리 채소를 활용하는 용도로 사용되는데 채식 식단을 추구하고 음식물 낭비를 줄이고자 하는 요즘 트렌드와도 잘 어울리는 음식이 아닐 수 없다. 여름철 남아도는 과일이나 채소로 잼이나 청을 만들기 지루하다면 이번엔 처트니를 시도해 보는 건 어떨지.

처트니는 과일뿐 아니라 단맛이 나는 채소로도 만들 수 있다.

피시앤드칩스
Fish and Chips

18

피시앤드칩스,
왜 영국 음식의 대명사가 됐을까?

실제로 발을 내딛기 전까지 내게 영국이란 나라는 전설 속에 등장하는 아틀란티스와 다름없었다. 유럽에서 핀란드 다음으로 음식이 형편없다는 오명을 가진 나라, 전 국민이 맛없는 음식을 감내하는 나라라니, 아틀란티스가 존재한다는 것만큼이나 말이 되는 이야기인지. 영국 요리 유산의 빈곤함을 가장 잘 대변하는 게 피시앤드칩스라고 알려져 있다. 한때 해가 지지 않는 나라로 불리며 전 세계 부를 빨아들인 나라를 대표하는 음식이 기껏해야 기름에 튀긴 흰살생선과 감자라니. 대체 영국인에게 무슨 일이 있었던 걸까?

피시앤드칩스는 무엇일까? 문자 그대로 반죽을 입혀 튀겨낸 생선과 감자튀김으로 구성된 요리다. 영국식 피시앤드칩스란 소금이나 신맛

이 덜한 몰트 식초를 뿌려 먹는 게 정석으로 통한다. 곁들여 나오는 마요네즈나 케첩은 피시를 위한 게 아니라 칩스를 위한 조미료라는 게 영국인의 설명이다. 튀김에 식초를 뿌린다는 게 우리 생각으론 어색할 수 있겠다. 그러나 가까이 보면 우리가 먹는 튀김용 간장도 사실은 약간의 식초를 첨가해서 만들지 않던가. 몰트 식초는 보리로 만든 식초로 일반 식초보다 신맛이 날카롭지 않아 생선 튀김의 맛을 많이 해치지 않고 오히려 감칠맛을 돋우는 역할을 한다. 대부분의 식당에서는 진짜 몰트 식초보다는 아세트산 식초에 캐러멜을 섞어 만든 값싼 유사 몰트 식초를 사용한다. 상표 없는 투명한 병에 들었거나 식초(Vinager)란 이름 대신 '피시앤드칩스용 소스'라고 적혀 있다면 십중팔구 유사 몰트 식초라고

기름기 많은 등푸른생선보다는 대구, 가자미 등 흰살생선이 피시앤드칩스용으로 쓰인다.

보면 된다. 유사 몰트 식초는 몰트 식초보다 신맛은 덜하고 감칠맛도 덜하다. 특별히 나쁠 건 없고 오히려 몰트 식초보다 유사 몰트 식초의 맛을 더 선호하는 이들도 있다고 한다.

피시앤드칩스의 역사는 생각보다 그리 오래되지 않았다. 영국에서 발간된 관련 자료를 비교해 보면 대략 1860년대를 전후로 탄생한 음식이라는 데엔 다들 동의하고 있다. 흥미로운 건 '전국 생선튀김업자연합(NFFF)'이 무려 1913년에 결성됐다는 사실이다. 이들은 피시앤드칩스 전통 유지와 보호를 외치는 데 그치지 않고 국외 수출 판로 개척, 컨설팅 교육, 업자 권익 보호 등 사실상 하나의 산업 진흥 역할도 하는 나름 권위 있는 조직이다. 이들이 주축이 돼 2010년에 피시앤드칩스 탄생 150주년을 기념하기도 했다.

생선튀김은 언제부터 감자튀김과 한 배를 타게 됐을까? 생선을 밀가루 반죽이나 계란옷을 입혀 튀겨내는 방식은 유대인의 조리법이다. 유대인들이 모여 사는 게토 지구에는 생선을 튀기는 고소한 냄새가 끊이지 않았다고 한다. 다만 지금처럼 튀겨낸 후 바로 먹는 게 아니라 일종의 보존을 위한 전처리였다는 점에서 오늘날의 생선튀김과 차이가 있다. 유대인들은 튀긴 생선을 식초물에 담가 먹었는데 이렇게 하면 냉장고 없이도 1년 정도 보관이 가능했다.

감자튀김은 19세기 초중반 벨기에와 프랑스에서 유행했다. 서로 원조를 주장하기도 하는데 어찌되었건 감자튀김은 저렴한 길거리 음식으로 꽤 유행했고 영국에서도 감자튀김만 파는 노점들이 생겨났다. 처음에는 생선튀김에 빵이 얹어 나왔지만 밀가루 값이 오르자 생선튀김의 짝이 저렴한 감자로 대체되면서 피시앤드칩스가 탄생했다.

고온의 기름에 튀겨 빠르게 만들 수 있는 피시앤드칩스는 패스트푸드로 각광을 받았다. 피시앤드칩스에 열광한 건 주로 노동자 계층이었다. 산업화의 영향으로 도시에 인구가 몰리면서 노동자 계층이 인구의 대다수를 차지했는데 값이 저렴한 피시앤드칩스는 좋은 식사 대안이었다. 여기엔 당시 증기 트롤어선이 등장해 어획량이 급격히 늘고, 철도가 항구와 도시를 촘촘히 잇게 되면서 신선한 생선의 공급이 원활해졌다는 배경이 있다. 간편함도 한몫했다. 고된 노동에 시달리던 노동자들은 집에서 요리하는 걸 상상할 수 없었는데, 식재료를 준비해 장만하는 노력이 만만찮았고 연료비도 충분치 않았다. 이들에게 저렴하면서 금방 조리돼 나온 피시앤드칩스는 매력적인 선택이었다.

맛과 영양에 있어서도 피시앤드칩스는 큰 이점이 있었다. 그동안 해

안가에 살거나 강가에 살지 않는 이상 일반인들이 신선한 생선을 먹기란 쉽지 않았다. 내륙에 거주하는 이들 대부분은 소금에 절이거나 훈제하거나 식초에 절인 보존식품으로 생선을 접해 오다가 갓 튀겨낸 신선한 생선의 맛을 보자 금새 열광했다. 또 적은 비용으로 탄수화물과 단백질, 지방을 한 번에 섭취할 수 있는 고열량 식품이기도 해 몸을 쓰는 노동자들에게 훌륭한 에너지원이 됐다. 초기에는 돼지기름인 라드에 생선과 감자를 튀겼다고 하니 우리가 치킨에 열광하는 것처럼 쉬이 거부할 수 없는 맛이었으리라 추측할 따름이다. 이런 요인들로 인해 피시앤드칩스의 인기는 크게 치솟았다. 1921년 2만 5천 개였던 피시앤드칩스 식당은 6년 후 3만 5천 개까지 늘었다. 우리나라의 치킨집처럼 큰 자본이나 특별한 기술이 없어도 창업이 용이한 아이템이었다는 게 주된 이유였다. 너도 나도 대박을 꿈꾸며 자영업에 뛰어든 것이다. 한때 영국에서 생산되는 감자의 10%와 흰살생선의 30%가 피시앤드칩스로 소비됐다.

노동자의 간편식이었던 피시앤드칩스는 1960년대까지 큰 인기를 누리다가 경쟁자들의 등장으로 점차 쇠퇴의 길로 접어들었다. 1930년대까지 3만 개가 넘던 피시앤드칩스 식당은 2003년 8,000여 개로 감소했다. KFC나 맥도날드, 중국식 누들이나 인도식 카레 등 노동자 계급이 선택할 수 있는 테이크아웃 음식이 많아지면서 식당이나 매대도 자연스럽게 감소하게 된 것이다. 그럼에도 피시앤드칩스가 역사 속으로 사라지지 않고 오히려 영국 음식의 대명사가 된 데엔 미디어의 역할이 컸다.

영국의 문화인류학자 파니코스 파나이Panikos Panayi는 외국 음식의 홍

FISH & CHIP
PURVEYOR
OF QUALITY
CASK ALES
CLASSIC
BRITISH
PUB FOOD
THE ANCHOR
FISH &
CHIPS
Best this Side
of the River!

수 속에서 영국의 정체성을 구분 짓는 마케팅 도구로 피시앤드칩스가 이용됐다고 지적한다. 이탈리아의 피자, 미국의 햄버거 등에 대항해 영국의 정체성을 표현하는 아이콘이 된 것이다. 여기엔 자부심과 일종의 자학적인 냉소가 섞인 영국인 특유의 이중적인 성향이 한몫 거들었다. 하찮은 음식이 영국을 대표한다는 것은 부끄러운 일이지만 이를 대놓고 부끄러워하지는 않겠다는 심리가 깔려 있다.

피시앤드칩스를 비롯해 영국을 대표하는 일련의 음식을 맛보고 난 후 조심스럽게 내린 결론이 있다. 영국인에게 맛은 그리 중요하지 않은 문제라는 것이다. 물론 이들도 맛있는 음식이 어떤 음식이라는 건 분명히 자각하고 있음은 틀림없다. 그러나 영국인이 아니고서야 온전히 이해하지 못하는 무언가가 있다는 생각이 든다. 모름지기 음식이란 당연히 맛이 있어야 한다는 생각조차 문화적인 편견일 수 있겠다는 큰 깨달음을 영국에서 얻었다.

COLD

Wyndham House

비둘기 스테이크

Pigeon Breast Steak

19

그들이 비둘기 스테이크를 먹는 이유

특별히 가리는 음식이 없다는 게 얼마나 축복받은 일인지 새삼 감사해지는 순간이 있다. 여럿이서 프랑스 남부의 어느 식당에 갔을 때의 일이다. 아름다운 풍광에 어울리는 화려한 전채 요리가 눈과 혀를 매혹시키고 이제 고기 요리가 나올 차례. 이날의 메인은 다름 아닌 비둘기 가슴살 스테이크였다. 호기심에 비둘기 고기를 선택한 몇몇은 향을 맡거나 손톱만 한 크기로 맛을 본 후 접시를 옆으로 스윽 밀어냈다. 이렇게 치워진 비둘기 요리는 온전히 내 몫이 됐다. '잔반 처리기' 느낌은 잠시, 이내 기쁜 마음으로 주인 잃은 접시들을 비워 냈다. 이 사람들아, 이거 귀한 음식이라고요.

혹여 비둘기라는 단어를 보고 인상을 찌푸렸다고 해도 이해한다. 비

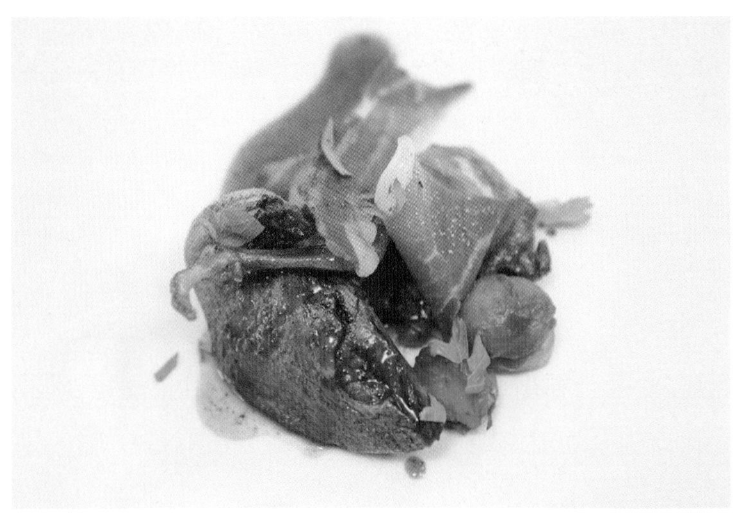

비둘기 가슴살 스테이크. 비둘기나 메추리 같은 조류 요리는 만들기 까다롭고 맛도 독특해 미식가의 사랑을 받는다.

둘기가 평화의 상징에서 더러움과 혐오의 대상으로 변한 게 어디 한국뿐인가. 그런데 이 동네에서는 비둘기를 먹는 게 전혀 이상하지 않다. 접시 위에 조신하게 얹은 이 비둘기는 보통 떠올리는 그런 비위생적인 비둘기가 아니다.

비둘기를 포함해 메추리, 꿩 같은 새 요리는 동네 식당보다는 고급 레스토랑에서 주로 접할 수 있고 프랑스뿐 아니라 다른 나라에서도 종종 볼 수 있다. 새 요리는 소위 미식가들에게 소나 돼지, 닭보다 상위에 있는 귀한 식재료로 대접받는다. 대체 이러한 전통은 어디서부터 비롯된 것일까?

닭을 제외하고 조류는 식량의 목적으로 보면 그리 효율적이지 않은

오리나 거위 등 가금류는 한국인에게 낯선 재료이지만 유럽에서는 종종 볼 수 있다.

식재료다. 들이는 노력에 비해 얻을 수 있는 열량이 많지 않기 때문이다. 새 요리가 돼지나 소, 닭처럼 흔하지 않은 이유도 이 때문이다. 반대로 생각해 보면 돼지, 소, 닭이 식량으로서 경제적이고 그래서 우리 식탁에 익숙한 식재료가 됐다는 결론도 얻을 수 있다.

서양에서 새 요리가 본격적으로 유행하게 된 건 중세의 사회 구조와 연관이 있다. 물론 이전에도 사냥을 통해 새를 잡기도 했고, 로마 시대 때 별미로 공작새나 백조 등을 먹었다는 기록은 있었다. 그러나 새를 먹는다는 행위에 사회적 의미가 부여된 건 9세기 무렵부터라고 학자들은 보고 있다.

새 요리는 왕과 귀족의 전유물이었다. 신분 피라미드의 꼭대기에 있던 이들은 전쟁이나 사냥에 많은 시간을 보냈다. 사냥으로 잡은 멧돼지나 곰 등을 먹는 건 용맹과 지위의 상징이었다. 그러다 점차 몸을 쓰는 전쟁보다는 외교나 정치 등 머리 쓰는 일을 주로 맡게 되면서 식생활도 변화했다. 높은 자리에 있는 사람일수록 높이 나는 것을 먹어야 한다고 생각한 것이다. 16세기 어느 귀족은 "새처럼 부드러운 고기는 우리의 지성을 자극하고 우리의 감각을 소나 돼지를 먹는 사람들보다 훨씬 유연하게 만들어 준다."라고도 했다. 실제로 그런지는 알 수 없으나 새가 다른 식재료보다 희소성이 있다는 데 자신들의 고귀함을 투영하지 않았을까 추측할 따름이다.

새 요리의 범위는 실로 다양했다. 비둘기나 메추리뿐 아니라 가마우지, 황새, 두루미, 왜가리, 제비, 촉새, 꿩, 공작 등 날개가 달리고 날아다니는 것이라면 모두가 대상이었다. 특히 꿩이 각광받았다. 꿩 요리를 두고 18세기 프랑스의 계몽주의 작가 볼테르Voltaire는 '신들의 요리'라고 했고, 세계적인 미식가 브리야 사바랭Jean Anthelme Brillat-Savarin은 "천사들이 먹을 요리다. 그들이 아직 지상을 떠돈다면……"이라고 극찬했다. 영국 상류층은 야생 조류 사냥을 일종의 교양 스포츠로 여긴다. 요즘도 사냥한 동물을 잡아 요리해 먹는 전통을 유지하는 이들도 있다.

물론 모두가 그 맛을 즐기는 건 아니지만 오늘날까지 사냥한 동물을 잡아 요리해 먹는 걸 영국의 전통으로 여기고 있다. 스포츠나 오락을 뜻하는 영단어 게임Game에서 야생 동물 특유의 맛을 가리키는 게이미Gamey가 파생됐다면 어떤 느낌인지 알 수 있을 것이다.

한때 극단적으로 야생 조류를 숙성시켜 누린내라 불리는 역한 맛을 즐겼다고 하지만 지금은 다르다. 대부분의 식당에서 접하는 새 요리는 야생의 것이라기보다 농장에서 양식한 게 대부분이다. 운동을 거의 하지 않으니 야생의 강한 맛은 덜하지만 대신 부드럽고 위생적이라는 장점이 있다.

조류는 미오글로빈이 풍부한 붉은색 근섬유를 갖고 있다. 그 말은 곧 고기에서 우리가 '피 냄새'라고 이야기하는 금속성 맛이 날 수 있고 백색 근육보다 맛이 더 진하고 풍부하다는 뜻이다. 또 지방이 적은데 그것은 열을 가했을 때 빠르게 익으니 조리 시간도 짧고 동시에 그만큼 섬세한 조리법이 필요하다는 말과 같다.

요리사에게 있어서 새 요리는 숙련된 기술과 고도의 집중력을 요하는 일이다. 그만큼 까다로운 요리이며 미식가들에게는 다른 고기들에서 느껴 보지 못하는 강하고도 섬세한 맛을 즐길 수 있는 특별한 음식이다. 고급 레스토랑에서 새 요리를 내는 의도이면서 동시에 기쁜 마음으로 비둘기 요리 접시를 비운 이유이기도 하다.

닭과 야생조류 사이쯤 되는 맛을 보여주는 프랑스식 뿔닭 요리.

푸아그라,
끊이지 않는 논란의 먹거리

20년도 더 된 어느 여름날로 기억한다. 불볕더위가 기승을 부리는 시기면 TV에서는 납량 특집이라는 이름으로 공포 드라마를 방영했다. 여러 귀신과 요괴들 중에서도 특히 관심을 둔 건 인간의 간을 빼 먹어 사람이 되려 했던 구미호였다. 당대 미녀 스타가 구미호 연기를 했기 때문이어서가 아니라 구미호의 서사 부분에 강한 흥미를 느꼈다. 그 많은 부위 중에 왜 하필 간일까?

꽤 시간이 흐른 후에야 알게 됐다. 간만큼 폭발적인 풍미와 농후한 맛을 선사해 주는 부위가 없다는 걸. 간이 얼마나 맛있으면 벼룩의 그것도 탐하겠는가. 간을 먹는 행위에 어떤 사회, 정치적 함의가 있다고 한다면 그것은 단지 '맛'에 대한 직감 내지는 본능의 투영이리라.

푸아그라는 보통 빵에 바르거나 식사 전 전채 요리 등으로 먹는다.

간에 대한 애정은 동서고금을 막론한다. 음식에 간을 가장 많이 활용하는 나라를 꼽자면 단연 프랑스다. 거의 끼니마다 먹는 샤퀴테리Charcuterie의 파테Pate에는 닭 간이 기본으로 들어간다. 세계 진미 중 하나로 꼽히는 거위 간이 프랑스어로 불리는 것만 봐도 이 사람들이 간을 얼마나 사랑하는지 알 수 있다.

푸아그라의 푸아Foie는 간을, 그라Gras는 지방을 뜻한다. 그러니까 우리말로 하면 지방간이다. 중년 남성들이 특히 두려워하는 단어이지만, 프랑스어로 불릴 때는 아우라를 뿜어내는 게 푸아그라다.

푸아그라는 대부분 한 번 익힌 형태로 유통된다. 거위 자체 지방으로 간을 천천히 익히는데 잘못 익힌 돼지 간이나 닭 간의 퍼석함을 떠올

린다면 오산이다. 푸아그라는 본디 거위 간을 지칭하지만 오리 간으로도 만든다. 간 자체의 풍미가 떨어지지만, 오리가 거위보다 덜 민감하고 사육하기 좋고 생산성도 높아 거위를 대체하기도 한다. 당연히 가격도 더 저렴하다. 푸아그라라고 팔리는 요리 중에 특별히 거위라고 지칭하지 않는다면 대부분 먹게 되는 푸아그라는 오리일 가능성이 높다.

푸아그라는 최고급 요리의 대명사이자 동물 학대의 전형이라는 극단의 이미지를 갖는다. 푸아그라를 얻기 위해선 거위를 옴짝달싹 못 하게 하고 먹이를 강제로 주입해 간을 비대하게 만들기 때문이다. 수많은 논란에도 왜 이런 과정을 거치는 걸까? 배경은 기원전으로 거슬러 올라간다.

기원전 2500년쯤 만들어진 이집트 벽화엔 거위에 억지로 먹이를 먹이는 모습이 있다. 이를 근거로 이집트인들이 푸아그라를 발견, 또는 발명했다고 추정한다. 약간의 서사를 덧붙이면 이렇다. 야생 거위는 늦가을에 겨울을 나기 위해 먹이를 가능한 한 많이 섭취하는데 어떤 이집트인이 이 시기에 거위 간이 특히 맛이 좋다는 걸 경험적으로 알게 됐다. 이 별미에 매료된 이들이 곧 사시사철 푸아그라를 먹기 원하면서 억지로 거위에게 먹이를 주는 방법을 고안했다. 그렇게 강제 급식이라 불리는 가바주Gavage가 탄생했다. 혹자는 이집트에 살던 유대인들이 가바주를 발명했고 중세를 거쳐 유럽, 특히 지금의 알자스 지방에 자리 잡아 전통 방식으로 푸아그라를 생산했다는 설도 있다. 지금도 푸아그라로 가장 유명한 프랑스 도시는 알자스Alsace 주의 스트라스부르Strasbourg이다.

비판에도 불구하고 푸아그라를 생산하는 농가에서는 가바주가 비윤리적이지 않다고 주장한다. 인간의 시선으로 먹이를 억지로 먹이는 게 불편해 보일 수 있지만, 가능한 한 거위가 편할 수 있도록 먹이를 먹이고 거위가 실제로는 그렇게 고통을 느끼지 않는다는 것이다. 다른 한쪽에서는 '푸아그라=가바주'라는 공식을 깨고 그 옛날 푸아그라를 처음 발견했던 시절의 방식대로 자연스러운 푸아그라를 생산하는 이도 있다. 스페인 엑스트라마두라Extramadura 지방에서 푸아그라를 만드는 에두아르도 소사Eduardo Sousa가 그러한 인물이다.

소사는 거위를 체계적으로 사육하는 게 아니라 본인의 땅에 날아든 야생 거위들이 스스로 먹이를 찾아 먹도록 하고 일 년 중 거위 간이 가장 부푼 시기에 잡아 푸아그라를 생산한다. 당연하고 응당 그래야 할

것 같은 이야기 같지만, 2006년 소사가 프랑스 식품박람회에서 푸아그라로 혁신상을 받았을 때 전 세계가 충격을 받았다. 모두가 가바주 없는 푸아그라는 있을 수 없다고 생각했기 때문이다. 소사는 지금도 기존 푸아그라 생산자들에게 그가 만든 건 진정한 푸아그라가 아니라는 비난을 받고 있지만 자신의 일에 강한 애착과 자부심을 갖고 있다.

그가 만든 푸아그라는 어쩌면 그를 비난하는 사람의 말처럼 전통적인 의미의 푸아그라가 아닌 단지 거위 간일지도 모른다. 하지만 그 맛을 보면 그 모든 논쟁이 다 무슨 소용일까 하는 마음이 든다. 언젠가 한국에서도 소사가 만든 자연스러운 거위 간 요리를 맛볼 수 있는 날이 오기를…….

Part

3

낯선 듯 익숙한 세계의 맛

한국 Korea

21

아낌없는 위안, 국밥의 미학

그럴 일은 없겠지만 만약 앞으로 남은 생 동안 단 한 가지 음식만 먹어야 한다면 어떤 음식을 고를까? 국민 소울푸드 떡볶이는 언제 먹어도 질리지 않는 달콤매콤함이 매력적이지만 아무래도 매일 끼니로 먹기엔 내 몸에 미안할 것 같다. 치킨도 마찬가지다. 맛과 영양을 고려한다면 탄수화물과 채소가 균형 잡힌 김밥도 합리적인 선택이 아닐까 싶지만 매일 먹고 싶은 생각은 들지 않는다. 만약 최후의 그날이 온다면 고민을 덜기 위해 미리 메뉴를 결정하고자 한다. 마지막까지 먹을 단 하나의 음식은 바로 국밥이다.

제아무리 산해진미라도 매일 먹어야 한다면 고역일 터. 정말로 국밥만 먹고 살 수는 없겠지만 일상의 영역에서 맛과 영양, 가격 그리고 푸

맛과 영양, 푸짐함이 더해지는 국밥은 든든한 한 끼가 생각날 때 찾게 되는 음식이다.

짐함이 주는 만족감까지 생각한다면 국밥만큼 매력적인 선택지가 또 있을까 싶다. 뜨끈한 국물과 밥 그리고 고단백질 고명. 딱히 먹고 싶은 메뉴는 없지만 든든한 한 끼가 생각날 땐 어김없이 국밥집을 습관적으로 찾게 된다.

흔하디 흔한 음식이지만 한 발짝 떨어져 낯설게 국밥을 바라보면 꽤 흥미로운 지점을 발견하게 된다. 한국에서만 볼 수 있는 독특한 식문화다. 주재료인 고기를 기준으로 보면 설렁탕이나 곰탕, 육개장 등 소고기 국밥과 순대국밥, 돼지국밥 같은 돼지고기 국밥으로 나뉜다. 둘 다 재료만 다를 뿐 기본 원리는 유사하다.

국밥의 미학은 식재료의 낭비 없는 활용에서 출발한다. 고기를 얻기 위해 소와 돼지를 키우지만 상품 가치가 있는 부위는 생각보다 많지 않다. 등심, 안심, 삼겹살 등 소비자 선호 부위를 제외하면 다른 부위는 대부분 부속 취급을 받는다. 국밥은 외면받는 살코기나 잡뼈, 머리, 꼬리 등으로 국물을 낸다. 버릴 것 없이 식재료를 온전히 활용하는 게 비단 한국의 국밥만은 아니다. 동서고금을 막론하고 부속 부위는 언제나 서민의 몫이었다.

뼈를 넣고 오래 끓인다고 국물 맛이 더 좋아지는 건 아니다. 살코기가 아닌 부위라면 국물이 탁해질 뿐 특별한 맛이 더해지지 않는다. 국물에 깊은 맛을 더해 주는 건 뼈가 아니라 살코기와 지방의 역할이다. 국밥용 살코기는 특별한 이유가 없는 한 저렴한 부위를 쓴다. 소는 배쪽 부위인 양지를, 돼지의 경우 삼겹살과 목살은 비싸 다릿살로 맛을 우려낸다.

머릿고기는 값이 싸면서 국물에 맛을 더하고 동시에 푸짐한 건더기로도 쓸 수 있는 기특한 부위다. 국밥에 매료된 것도 맛과 식감이 다양한 머릿고기 때문이었다. 서울에서 흔히 접하는 순대국밥의 대다수는 실은 순대가 아닌 머릿고기가 주인공이다. 주인 입장에서는 값싼 부위니 인심 후하게 내줄 수 있어 좋고, 손님은 푸짐하게 먹을 수 있어 좋다.

지역마다 순대국밥의 캐스팅은 조금씩 차이가 나는데 전라도에서는 내장도 주연일 만큼 강한 존재감을 내뿜는다. 암뽕순대나 막창순대는 꼭 맛봐야 할 별미다. 서울에서 순대국밥의 퀄리티를 국물이 얼마나 깔끔하고 머릿고기가 얼마나 좋은지로 판단한다면 병천순대로 유명한 천안에서는 오리지널 캐스팅, 즉 순대의 맛을 더 중시한다. 순대국밥은 자고로 순대가 맛있어야 한다는 당연한 이치다. 당면순대가 아

닌 속 재료를 제대로 넣고 만든 순대로 끓인 국밥은 머릿고기 순대국밥과는 또 다른 맛의 지평을 펼친다. 생각해 보면 소의 머릿고기를 사용해 만든 국밥은 '소머리국밥'이라고 부르면서 왜 '돼지머리국밥'은 없는지 의아할 따름이다.

종종 사극에서 주인공이 주막에서 국밥을 먹는 장면이 나온다. 이 때문에 순대국밥이나 돼지국밥이 역사가 오랜 음식처럼 느껴지지만 사실 대중화한 건 현대에 와서다. 1960년대부터 축산업이 본격적으로 기업화되며 돼지나 소의 부산물이 대량으로 값싸게 시장에 풀려 오늘날 같은 국밥집들이 생겨나기 시작했다. 물론 설렁탕이나 고깃국에 된장이나 간장을 풀어 만든 장국밥은 그전부터 있었지만, 1960년대 이후 국밥의 헤게모니는 부속을 푸짐하게 이용한 국밥들이 쥐게 됐다. 천안 병천순대국밥이나 양평 선지해장국밥 등 우리에게 익숙한 프랜차이즈화된 국밥집의 시작도 이때부터다.

영양 만점, 보양식이란 이름이 붙은 음식들이 그러하듯 국밥은 상당한 고칼로리 음식이다. 단백질과 탄수화물뿐만 아니라 간을 맞추기 위해 사용되는 상당한 양의 염분, 건더기와 국물에 두루 포함된 지방은 음식이 부족하고 영양 결핍이 심각했던 과거에는 소중한 한 끼 역할을 했지만 요즘 같은 '과잉의 시대'엔 다소 부담스러운 한 끼임을 부인하기 어렵다. 하지만 푸짐하게 내어놓은 따뜻한 국밥 한 그릇을 보고 있노라면 그 모든 걸 기꺼이 감수하고 싶은 마음이 든다. 꽃샘추위가 매서운 날에는 더더욱 말이다.

국물에 깊은 맛을 더해주는 건 뼈가 아니라 살코기와 지방이다.

봄이 오면 생각나는 맛,
베트남 음식

봄이 다가오면 생각나는 음식이 있다. 바로 베트남 음식이다. 새콤달콤 강렬한 맛의 태국 요리와 기름진 중국 요리의 중간쯤에 있는 베트남 요리는 그 나름의 매력이 있다. 겨우내 꽁꽁 얼어 있던 입맛을 사르르 녹여 줄 별미 같다고 할까. 베트남 음식 하면 쌀국수나 월남쌈이 연상되는 정도였지만 요즘은 다르다. 분짜, 분보훼, 짜조 등 현지에서나 들어봄 직한 음식을 동네 베트남 식당에서도 흔히 맛볼 수 있는 시대가 됐다.

우리는 일상적으로 '동남아'라고 뭉뚱그려 표현하지만 사실 그 안에 포함된 나라들은 한중일만큼이나 뚜렷한 개성을 갖고 있다. 그중 베트남은 중국의 영향을 가장 직접적으로 받아 온 나라다. 북부 베트남은

짜조는 재료를 라이스페이퍼에 싸서 튀긴 음식이다.

기원전 3세기부터 10세기까지 약 1300년 동안 중국 왕조의 지배하에 있었던 만큼 밥상 곳곳에서 중국의 흔적을 쉽게 엿볼 수 있다.

새해를 축하할 때 찹쌀로 만든 떡을 먹는 관습, 국수 문화, 젓가락 중심의 식습관은 중국의 영향을 강하게 받은 한국, 일본과도 유사한 점이 있다. 한중일 대부분의 음식에 간장이 들어가듯 동남아에서는 생선을 발효시켜 만든 간장인 피시소스를 기본으로 사용한다. 특히 북부 베트남은 중국의 영향으로 간장 비중이 상대적으로 높고 후추, 식초 등을 다른 지역보다 많이 쓴다.

중국 다음으로 영향을 준 나라는 1860년부터 약 100년간 베트남을 지배했던 프랑스다. 한국이 일본의 침략과 지배를 받는 동안 일본 식문화가 스며들었던 것처럼 프랑스 식문화도 베트남에 큰 영향을 줬다. 대표적인 게 베트남 쌀국수 퍼Pho다. 퍼의 유래에 관해서는 두 가지 설이 존재한다. 하나는 중국 광둥 지역의 쌀국수 '휜'에서 왔다는 설과 1900년 초 베트남에 정착한 프랑스인들이 만든 소고기 국물 요리인 포토푀Pot-au-feu를 근원으로 한다는 설이다.

중국이 베트남에 미친 영향력을 생각하면 전자가 훨씬 설득력 있어 보이지만 현지에서는 '포토푀' 유래설에 더 무게를 두는 듯하다. 프랑스가 베트남을 점령하기 전에는 소고기를 거의 먹지 않았다는 것이 이유다. 국물에 면을 말아 먹는 국수 형태의 음식은 전부터 존재했지만 진한 소고기 사골 육수를 쓰는 방식은 프랑스 식민 지배의 영향이라는 것이다. 소고기 육수에 소고기 고명을 얹어 내는 것을 베트남식 쌀국수라고 부르지만 베트남에서 정식 명칭은 퍼보phở bò이며 북부 음식으로 통한다.

프랑스의 영향을 받은 음식은 또 있다. 짧은 바게트에 고기와 채소를 넣는 샌드위치의 일종인 반미Banh Mi다. 들어가는 재료는 베트남식이지만 프랑스식 바게트를 사용한 것이 특징이다. 가벼운 한 끼 간식으로 안성맞춤이다.

베트남 지도를 보면 남북으로 가늘고 길쭉하게 뻗은 모양새다. 그만큼 북부와 중부, 남부의 기후는 서로 다른 나라라고 할 정도로 제법 차이가 난다. 사람들의 기질과 문화 그리고 음식도 다르다. 중국의 영향을 받은 북부는 짭짤하고 담백한 음식이 주를 이룬다. 쌀국수를 필두로 석쇠에 구운 고기를 식초물에 담가 먹는 분짜Bun Cha, 라이스페이퍼에

쌀국수와 더불어 베트남 음식을 상징하는 월남쌈(고이꾸온).

고기와 채소를 만 월남쌈 반꾸온Banh Cuốn 등이 유명하다. 쌀가루에 전분을 섞어 반죽해 만든 라이스페이퍼를 가장 많이 먹고 다양하게 이용하는 나라가 베트남이다. 잘게 썰면 쌀국수가 되고, 넓게 잘라 물에 적셔 음식을 싸 먹거나 기름에 튀겨 먹기도 한다.

남부는 음식이 훨씬 다채롭다. 인근 태국과 인도 요리의 영향을 강하게 받았다. 새우를 발효시켜 만든 새우페이스트, 시고 상큼한 맛을 내는 레몬그라스와 강렬한 향신료를 사용해 단맛과 짠맛, 신맛이 함께 어우러지는 것이 특징이다. 메콩강 하류와 인근 바다에서 잡은 풍부한 해산물을 이용해 고기류보다 해산물 요리가 주를 이룬다. 프랑스 식민 지배 당시 이주해 온 남인도 출신 노동자들로 인해 인도풍 커리 요리도 찾아볼 수 있는데 베트남에서는 카리Cari라고 부른다.

남부와 북부 음식이 선명하게 다른 데 비해 중부 지방 음식에선 후에Hue라는 베트남 궁중 요리의 흔적을 찾아볼 수 있다. 19세기 응우엔 왕조의 투덕왕은 같은 요리를 한 해 두 번 이상 먹지 않을 정도로 무척 까다로운 미식가였다고 한다. 궁중 요리사들은 왕을 위해 2,000가지가 넘는 레시피를 고안해야 했다. 다양한 조리 기법을 사용해 복잡하고 화려한 편이다. 후추나 고추 등을 적극 사용해 매콤한 음식도 대부분 중부 요리에 속하는데 대표적인 건 매운 쌀국수 분보훼Bun Bo Hue다. 정도의 차이는 있지만 태국식 똠얌꿍 수프나 우리나라 육개장을 연상시킬 만큼 자극적이다. 멀리 가지 않아도 쉽게 맛볼 수 있는 이국의 맛이라고 할까.

익숙하지만 낯선 콩 맛, 인도네시아 템페

각국의 다양한 음식을 접하다 보면 크게 두 가지 측면에서 감탄을 하게 된다. 하나는 다름에 대한 감탄이다. 닭의 간과 돼지고기 부산물로 만든 전통적인 프랑스식 파테Pate나 영국의 장어 젤리와 내장 파이 등 평소 익숙함과는 거리가 먼 음식과 만나면 이렇게 식문화가 다를 수 있다는 데 놀란다. 다른 하나의 감탄은 이토록 비슷할 수도 있구나 하는, 같음에 대한 경이다. 달라 보이지만 형식이나 내용 면에서 유사한 음식이 많다. 같아 보지만 다른, 그래서 더 흥미로운 음식들. 템페Tempeh가 바로 그런 음식이다.

템페는 인도네시아를 대표하는 콩 발효 음식이다. 흔히 인도네시아식 청국장 또는 낫토라고도 불리는데 사실 어폐가 있다. 만드는 원리나

인도네시아를 대표하는 콩 발효음식 템페. 템페는 두부라고 하기에는 단단한 감이 있다.

방식은 유사하지만 결과물은 확연히 다르기 때문이다. 생김새부터 심상치 않다. 언뜻 보면 누가(땅콩엿)처럼 생겼는데 눌러 보면 폭신하다. 그렇다고 두부라고 하기엔 단단한 감이 있어 우리가 알고 있는 콩으로 만든 발효 식품 중 가장 독특한 형태를 갖고 있다.

템페는 중국의 영향으로 인도네시아에서 만들어진 것으로 추측된다. 콩, 정확하게는 대두나 백태는 약 3000년 전 중국 북부에서 재배를 시작한 이후 점차 아시아에서 중요한 식량으로 자리 잡았기 때문이다. 쉽게 포만감을 주고 영양학적으로 유용했지만 문제는 맛이었다. 대두는 다른 녹색 콩이나 곡물들과는 달리 삶아도 그다지 식감이 부드럽지 않을뿐더러 특유의 비릿한 향이 가시지 않는다는 단점이 있다. 배고픈 인간은 어떻게든 콩을 섭취하기 위해 성가시지만 여러 방법을 고안해 냈는데 우리가 알고 있는 콩류 가공품이 그 결과물이다.

대두를 물에 불린 후 맷돌에 갈아 끓이면 콩물이 되고 건더기를 짜내면 비지가 나온다. 짜고 남은 액체는 두유가, 두유에 간수를 넣고 그대로 응고시키면 순두부가 된다. 순두부의 물기를 짜내면 우리에게 익숙한 두부가 만들어지고 여기에 젓갈 같은 육수를 넣고 발효시키면 취두부가 된다. 갈지 않고 불려 익힌 콩에 누룩균을 배양시켜 따뜻한 곳에 두고 발효시키면 청국장과 낫토가 만들어진다. 같은 과정으로 삶은 대두를 으깨 뭉쳐 발효시킨 것이 메주, 메주를 소금물에 담가 더 발효시키면 간장과 된장이 탄생한다. 대두를 이처럼 많은 방식으로 활용할 수 있다는 것도 놀랍지만, 이런 방법을 찾아낸 인간이 더 경이로울 따름이다.

템페는 위의 과정 중 청국장과 낫토를 만드는 방식을 따른다. 다른 점이 있다면 메주처럼 형태를 잡아 발효시킨다는 점이다. 삶은 콩을 바나나 잎으로 싸 벽돌처럼 층층이 쌓은 다음 템페 균을 배양한 후 상온에서 하루 이틀 발효시키면 흰 균사가 콩 사이사이를 빽빽하게 채운다. 이렇게 만들어진 것이 템페다. 콩을 으깨거나 갈지 않아 콩의 씹히는 맛이 살아 있고, 사이사이에 들어찬 흰 균사로 인해 마치 버섯을 씹는 듯한 식감을 준다. 분명 콩 발효 식품이라는 점에선 같지만 미끈거리는 낫토나 청국장과는 다른 범주에 있다.

템페 자체의 맛은 청국장의 구수하고 깊은 풍미와는 거리가 멀고, 오히려 낫토의 묘하게 심심한 맛과 가깝다. 그냥 날로 먹어도 되지만 인도네시아에서는 템페를 잘게 자른 후 코코넛 오일에 튀겨 먹는 걸

선호한다. 튀기게 되면 겉이 단단해지면서 씹는 맛이 강조되고 미미했던 견과류의 향도 강해진다. 버섯을 볶으면 맛과 향이 강해지는 것과 비슷하다. 튀겨서 먹거나 카레에 고명처럼 올려 먹기도 하는데 가장 대중적인 방식은 야자 설탕과 라임, 고추를 넣어 만든 소스와 함께 버무리는 템페 아삼 마니스이다. 직역하자면 새콤달콤한 템페로 다소 심심한 템페의 맛에 다양한 표정을 얹혀 주기에 한국인이라면 싫어할 이유가 없는 요리다.

콩류 발효 식품이 그렇듯 템페도 영양가가 높아 트렌디함을 좇는 전 세계 푸디들에게 주목받는 음식이다. 특히 채식주의자들에게 유용한 대체 육류 식품으로 인기가 높다. 튀긴 템페를 햄버거 패티로 사용한다든가 샌드위치 속으로 활용하는가 하면, 샐러드 고명으로 뿌려 두부의 물컹함에 질린 이들에게 씹는 즐거움을 선사해 주는 용도로도 쓰인다. 삶은 닭가슴살에 질린 다이어터들에게도 괜찮은 대안 식품이 될 수 있는 흥미로운 식재료다.

그렇다면 어디서 템페를 맛볼 수 있을까? 다행스럽게도 국내에 유일하게 템페를 제조하는 업체가 있어 인도네시아까지 굳이 가지 않아도 좋은 품질의 템페를 만나 볼 수 있다. 피아프 템페는 일본에서 템페 제조 기술을 배워 태안에서 국산 콩을 이용해 템페를 만들고 있다. 온라인에서도 손쉽게 구매할 수 있고 서울의 트렌디한 몇몇 카페나 식당에서도 템페를 이용한 메뉴를 선보이고 있다. 익숙하면서 낯선 콩 맛이 궁금하다면 템페를 한번 맛보길 추천한다.

NUR SALON
TRADITIONAL

KISMET

이탈리아 I
Italy

새해를 맞이하는
이탈리아식 방법

나라마다 새해를 맞는 풍습이 있다. 이날만큼은 모두 약속이나 한 듯 가족, 일가친지가 한자리에 모여 특별한 음식을 함께 먹는다. 떡국은 언제라도 먹을 수 있지만 새해에 먹는 떡국은 나름의 의미를 갖는다. 음식과 함께 한 해의 운수를 기원하고 가족 간의 정을 확인하는 자리는 지역과 문화, 세대를 막론하고 새해를 맞는 의식이다.

유럽 사람들도 새해가 되면 특별한 음식을 먹는다. 그중 가장 독특해 보이는 음식을 꼽으라면 단연 이탈리아의 잠포네Zampone다. 돼지 앞발 속을 파낸 후 그 속에 돼지 껍질과 뱃살, 지방을 갈아 넣고 만든 일종의 소시지다. 잠포네의 존재를 처음 알게 된 건 이탈리아 요리 학교 유학 시절, 도서관에서 우연히 집어 든 《이탈리아 각 지방의 전통 음식》이란 책에서다. 먹음직스러운 구릿빛 자태를 영롱하게 뽐내는 잠포네의 모습은 영락없는 족발이었다. 이탈리안 셰프에게 물어보니 모데나 지역에서 주로 먹는 새해 요리라고 했다. 모데나 사람들은 어째서 이런 음식을 만들어 먹게 된 것일까?

잠포네에 얽힌 흥미로운 이야기가 있다. 16세기 초, 이탈리아는 프랑스와 사이가 좋지 않았다. 당시 프랑스와 치열하게 대립하던 교황 율리우스 2세Julius II는 프랑스에 친화적이었던 모데나Modena 근교의 마을 미란돌라Mirandola를 포위하기로 했다. 누군가 교황의 군대가 오기 전 돼지를 모조리 잡아버리자는 아이디어를 냈다. 교황의 군대가 마을에 들어서면 식량인 돼지를 빼앗을 게 뻔했기 때문이다. 이들은 돼지를 잡아 소시지를 만들기 시작했다. 평소 같으면 버렸을 돼지 발도 알뜰하게 식량으로 사용했는데 이것이 잠포네의 기원이 됐다는 이야기다. 이는 어디까지나 전설처럼 내려오는 이야기일 뿐 심각하게 받아들이진 말자. 여기서 눈여겨볼 점은 돼지를 남김없이 활용하기 위한 방편이었다는 대목이다.

잠포네와 유사한 음식으로 코테키노Cotechino가 있다. 코테키노란 껍질을 뜻하는 코티카에서 유래했다. 일반적인 소시지는 돼지 살코기와 지방을 이용하는데, 코테키노는 이름에서 짐작할 수 있듯 돼지 껍질과 뱃살 등 활용도가 떨어지는 부위를 쓴다. 잠포네가 부속 부위를 족발 안에 넣어 만든 소시지라면 코테키노는 같은 속 재료를 돼지 창자에 넣었다는 점이 다르다.

잠포네가 모데나 지역 새해 음식이라면 코테키노는 모데나를 포함한 이탈리아 중부 에밀리아 로마냐 지방의 새해 음식으로 통한다. 우리

나라 떡국처럼 모든 이탈리아 사람들이 먹는 음식은 아니라는 뜻이다. 이탈리아는 본디 독립적인 도시 국가들의 연합체였기에 지금도 지역색이 꽤 강하다. 코테키노와 잠포네는 에밀리아 로마냐와 모데나 사람들의 정체성을 표현해 주는 수단이기도 하다.

코테키노와 잠포네는 삶아 익힌 렌틸콩이나 폴렌타(Polenta, 옥수숫가루로 끓인 죽), 볶은 시금치 등과 함께 접시에 담긴다. 돼지가 풍요를 상징하고 렌틸콩이 동전을 닮아 새해에 부자가 되기를 바라는 마음에서 코테키노와 렌틸콩을 먹는다고 알려져 있는데 진짜 이유는 다른 데 있다.

돼지를 잡는 건 대개 겨울이다. 추운 날씨를 버티지 못할 것 같은 돼지를 골라내기도 했거니와 더운 날에 비해 위생상 안전하다는 이유가 컸다. 겨울에 잡는 돼지들은 주로 염장하거나 소시지로 만들었다. 우리가 김치를 겨울에 담그듯 가공한 소시지는 유럽인들의 겨울 식량이었던 셈이다. 돼지에서 가장 선호되는 부위는 살이 두툼한 뒷다리로, 이는 귀족들의 것이었다. 비계가 붙은 머릿고기, 껍데기, 창자, 돼지 족 등이 서민 몫이다. 코테키노는 지방 함량이 많아 살코기 비중이 높은 일반 소시지보다 장기간 보관이 어려웠다. 최대한 빨리 소비해야 했는데 그 시기가 새해 직전 혹은 직후였다. 1년 중 그때만큼은 가족끼리 둘러앉아 기름진 음식으로 배를 채울 수 있는 시간이었던 것이다.

코테키노와 잠포네에 렌틸콩과 폴렌타를 곁들이는 이유도 마찬가지다. 추운 데서도 잘 자라는 렌틸콩은 가난한 이들의 영양을 책임졌고, 옥수숫가루로 만든 폴렌타는 쉽게 포만감을 얻게 했다. 부자가 되게 해달라는 기복적 의미는 한참 후에 덧붙여진 것으로 짐작할 수 있다.

우리가 겨울에 김치를 담그듯 가공한 소시지는 유럽인들의 겨울 식량이었다.

코테키노와 잠포네는 소박한 서민 음식이지만 재료가 기름지다 보니 맛은 상당히 호사스럽다. 돼지 껍질의 젤라틴과 지방이 뒤섞여 있는데 맛은 돼지머리 편육을 떠올리게 한다. 소금 약간과 향신료 믹스가 첨가되는데 집집마다 김장 맛이 다르듯 소시지도 향신료 배합에 따라 맛에 차이가 난다. 먹음직스러운 코테키노와 잠포네 그리고 술술 넘어가는 이탈리아 와인 한 잔이면 한 해 동안의 회포가 풀리고 희망찬 새해를 맞이할 수 있을 것만 같다.

위 잠포네는 삶아 익힌 렌틸콩 등과 함께 접시에 담긴다.

아래 영락없는 족발 모습의 잠포네.

이탈리아 Ⅱ Italy

25

토르텔리니,
만두와 파스타의 아슬한 경계

아직 나이 타령을 할 때는 아니지만 유럽을 오갈 때마다 느끼는 게 있다. 유럽은 그대로인데 내가 조금씩 변하고 있다는 사실이다. 체력 저하도 문제지만 입맛도 조금씩 변해 간다고 할까. 외국에 나가 굳이 한식을 찾는 이들을 이해하지 못했건만, 지난 이탈리아 여행에선 칼칼한 제육볶음과 뜨끈한 순댓국이 어찌나 그립던지. 여행지가 이탈리아의 북부, 에밀리아 로마냐Emilia-Romagna주였다는 건 그나마 다행이었다. 이곳은 국물을 곁들인 파스타를 맛볼 수 있는 거의 유일한 지역이다. 도저히 채우지 못할 것 같던 허기를 달래 준 건 국물에 둥둥 떠 있는 파스타, 토르텔리니 인 브로도Tortellini in brodo였다.

토르텔리니는 사각형 피에 소를 올리고 삼각형으로 접은 후 양 모서

이탈리아에서 한국의 맛을 찾을 수 있는 토르텔리니 인 브로도. 만두를 닮았지만 크기는 훨씬 작다.

리를 동그랗게 만 작은 파스타를 부르는 말이다. 만두를 닮았지만 크기는 훨씬 작고, 밀가루에 달걀노른자를 섞어 외피가 샛노랗다. 토르텔리니가 중국 만두의 영향을 받아 탄생하지 않았을까 추론을 해볼 수도 있다. 그러나 그 진위에 대해선 누구도 자신 있게 확답하지 못할 것이다. 딱히 '만두를 본떠 만들었소'라는 기록이 없으니까.

토르텔리니Tortellini란 이름은 12세기 문헌에 처음 등장하는데, 그게 오늘날의 것과 같은 형태인지 알 방법은 없다. 본디 중세의 마카로니도 설탕 범벅에 디저트에 가까운 요리였으니까 말이다. 15세기 교황청 전속 요리사였던 마르티노 다 코모가 쓴 요리책과 한 세기 이후의 요리사인 바르톨로메오 스카피Bartolomeo Scappi가 쓴 책에 고기 속을 넣은 현대의 토르텔리니와 가장 유사한 레시피가 언급돼 있다. 적어도 500년 이상 이탈리아 땅에서 존재해 온 요리인 셈이다.

우리가 음식에 관해 흔히 하는 오해는 어떤 음식이나 요리에 원형, 즉 표준이 되는 레시피가 있을 것이라는 믿음이다. 정치뿐만 아니라 음식과 요리도 인간이 하는 일인지라 살아 움직이는 생물에 가깝다. 고정불변하는 게 아닌 시대와 환경에 따라 변화무쌍하게 달라진다는 의미다. 많은 음식이 그래 왔던 것처럼 토르텔리니 역시 시대와 지역에 따라 다양한 레시피들이 있다. 그렇다 보니 저마다 원조, 정통성을 주장하기에 이르렀고 급기야 1960년대 볼로냐의 일부 미식가들로 구성된 '토르텔리니 형제단'이라는 사조직이 발족하는 일이 생긴다.

이들의 구호는 전통의 수호와 계승이지만 실제론 토르텔리니를 둘러싼 여러 주장에 대한 교통정리와 더불어 에밀리아 로마냐Emilia-Romagna 지방의 상징물로 만들고자 하는 정치적인 목적이 깔려 있었다. 20년 넘는 시간을 수차례의 모임과 토론을 거쳐 토르텔리니의 정체성을 정립하고 레시피 표준을 고안했다고 한다. 이 얼마나 먹을 것에 애착이 강한 이탈리아인다운 발상인지.

오늘날 토르텔리니는 단순히 만두 모양의 파스타 그 이상의 상징성을 가진다. 형제단이 규정한 레시피를 보면 지방이 없는 돼지고기 등심과 모르타델라Mortadella 햄, 프로슈토Prosciutto, 파르미지아노 레지아노Parmigiano-Reggiano 치즈, 육두구가 포함돼 있어야 한다고 돼 있다. 모르타델라 햄은 볼로냐를, 돼지 뒷다리를 염장해 만든 프로슈토와 파르미지아노 레지아노 치즈는 파르마를 각각 대표하는 재료이자 이 도시

토르텔리니 속에 들어가는 식재료. 위에서부터 프로슈토,
파르미지아노 레지아노, 모르타델라.

들이 소속된 에밀리아 로마냐주가 자랑스러워 마지않는 농산물이기도 하다. 들어가는 속 재료만 봐도 도저히 맛없게 만드는 것이 더 어려울 만한 구성이면서 동시에 에밀리아 로마냐주 자체를 의미한다고도 볼 수 있다.

토르텔리니는 진득한 크림소스를 곁들이거나 굽거나 튀겨 먹기도 하지만, 진정한 토르텔리니는 수프(브로도)와 함께 한 토르텔리니 인 브로도여야 한다고 형제단은 강조한다. 토르텔리니 인 브로도는 국물 요리가 흔하지 않은 유럽에서 한국적인 포만감을 줄 수 있는 몇 안 되는 음식이다. 만둣국에 익숙한 우리는 잘 아는 맛과 질감을 떠올릴 테지만 형태만 비슷할 뿐 전혀 다른 뉘앙스의 음식이다.

말끔히 우려낸 닭 육수에 토르텔리니를 넣고 삶는데 크기가 작은 만큼 오래 끓이진 않는다. 피는 쫀득한 씹는 맛이 살아 있고, 비록 소의 양이 푸짐하진 않지만 씹으면 깊은 감칠맛이 터져 나온다. 여기에 진한 국물까지 함께하면 여름이고 겨울이고 할 것 없이 영혼을 두 팔로 감싸 안아 토닥여 주는 위안감을 느낄 수 있다.

크기가 작은 만큼 손이 많이 가는 탓에 크리스마스와 같이 특별한 날에 온 가족이 둘러앉아 먹는 음식이지만, 토르텔리니의 원조라고 주장하는 볼로냐와 모데나 같은 도시에 가면 계절과 상관없이 어디서든 맛볼 수 있는 요리이기도 하다. 만약 이탈리아에서 한국의 맛이 그립다면 토르텔리니 인 브로도를 찾으시기를. 어느새 매 끼니 국물을 홀짝이고 있는 자신을 발견할 수 있을 것이다.

이탈리아 볼로냐는 유서 깊은 볼로냐 대학뿐 아니라 미식의 고장으로도 유명하다.

우리를 닮은 너,
스페인 요리

"아, 스페인으로 올걸." 난생처음 스페인에 도착해 음식을 한 입 먹어 보고 내뱉은 탄식이다. 이탈리아에서 요리 유학을 갓 마친 뒤 견문을 넓히고자 스페인을 찾은 터였다. 언뜻 보기에 이탈리아 음식과 비슷해 보이지만 다른 차원의 매력을 가진 스페인의 음식 스타일이 꽤 마음에 들었다. 이런 이야기를 하면 남들은 농담인 줄 알지만 나름 진심이 담긴 말이다. 보름이 조금 넘는 기간 한국에서 온 이탈리아 요리 유학생은 바르셀로나를 기점으로 반시계 방향으로 스페인을 한 바퀴 돌며 각지의 대표적인 음식을 맛보고 다녔다. 스페인을 알아 가면 갈수록 강한 확신이 들었다. 한국인의 입맛에 가장 잘 맞는 유럽 음식은 스페인 음식이겠노라고.

쌀과 해산물을 넣고 피멘톤 가루와 함께 끓여 낸 아로즈 콘 칼도소.

흔히 이탈리아 요리를 두고 한국 음식과 비슷하다고 하지만 천만의 말씀이다. 그건 이탈리아에서 딱 사흘만 지내봐도 온몸으로 느낄 수 있다. 한국 음식과 공통점이라면 기다란 면 국수가 존재한다는 것뿐 조리 방식과 조미료, 맛을 내는 기법 등에서 닮은 구석이라곤 도무지 찾아볼 수가 없다. 반면 스페인 요리는 한국 음식과 꽤 많은 공통점을 갖고 있다.

어떤 음식의 국가성 또는 지역성을 대표하는 요소는 향미다. 향신료나 조미료를 어떻게 조합하느냐에 따라 향미가 결정되며 곧 그것은 음식의 정체성으로 귀결된다. '익숙한 입맛'도 향미로 갈린다. 다른 나라에 가더라도 자국의 향미와 유사한 음식이 있다면 향수를 달랠 수 있는 이유다. 한국 음식의 주된 향미는 마늘, 고추, 참기름, 간장 등이다. 남부 이탈리아엔 엔초비, 토마토, 올리브유, 고추, 파슬리가, 북부 이탈리아엔 여기에 버터와 허브를 더한 향미가 있다. 동남아의 경우 넓게 보면 고수, 라임, 피시소스일 테고, 일본은 가쓰오부시와 다시마로 만든 다시, 미소 된장과 간장 등이 지배적인 향미다.

한국 요리에서 가장 많이 사용되는 조미료가 스페인에서도 많이 사용되는데 대표적인 게 마늘과 고춧가루다. 스페인은 유럽에서 마늘을 가장 적극적으로 사용한다. 프랑스와 이탈리아에서도 마늘을 쓰긴 하지만 대부분 조리 도중에 잠깐 넣고 빼 향만 입힌다든가 하는 식이다. 마늘 자체의 향을 그리 즐기진 않기 때문이다. 마늘 향에 둔감한 한국 사람은 마늘이 들어갔는지도 모를 정도로 소량 사용한다. 스페인에서는 사정이 좀 다르다. 빵과 토마토, 피망 등과 함께 생마늘을 그대로 갈아 수프처럼 먹는 가스파초Gazpacho라든지, 토마토를 잘게 썰어 올리브유에 버무린 후 빵에다 펴 발라 먹는 판 콘 토마테Pan con tomate는 토마토를 바르기 전에 빵에 마늘을 비벼 진한 마늘 향을 입히는 게 순서다. 마늘을 넣은 마요네즈로 알려진 알리올리소스의 고향도 다름 아닌 스페인이다.

스페인 요리에서 빠지지 않는 향신료인 피멘톤Pimentón 가루는 한국에 파프리카 가루로 알려져 있지만, 사실 단맛이 나는 알록달록한 파프리카로 만든 게 아니라 고추로 만든 것이다. 파프리카나 피망이나 모두 고추를 부르는 용어다. 단지 헝가리 말이냐 프랑스 말이냐의 차이일 뿐이다.

스페인에서 고추는 피멘톤이라고 하고, 이것은 곧 훈연해서 말린 뒤

가스파초는 마늘, 토마토, 피망, 오이 등을 생으로 넣고 갈아 수프처럼 먹는 음식이다.

곱게 빻은 피멘톤 가루와 동의어로 쓰인다. 피멘톤 가루는 맛에 따라 몇 가지로 구분된다. 매운맛이 나는 것과 단맛이 나는 것 그리고 그 중간 맛이나 약간의 신맛이 나는 것도 있다. 대부분 맵지 않은 걸 사용하는데 특히 국물 요리나 볶음 요리에 많이 쓰인다. 서양의 스튜나 수프가 다소 느끼하고 어색했다면 스페인식 국물 요리가 답이 될 수 있다. 물론 훈연 향은 익숙지 않을 수 있지만 크게 어색할 정도는 아니다.

스페인식 스튜 요리인 카수엘라Cazuela나 국물 요리를 뜻하는 칼도Caldo de pollo, 조림에 가까운 귀사도Guisado에 피멘톤이 들어가 있는지 물어보자. 만약 그렇다면 느끼함에 지친 한국인의 위장을 얼큰하게 달래줄 수 있는 훌륭한 해장 아이템이 될 수 있다.

스페인에서 한국의 정취를 느낄 수 있는 건 향미뿐만이 아니다. 전통적인 중세 조리법의 흔적이 많이 남아 있는 스페인 전통 요리 중에서는 한국적인 조리 형태와 기법을 갖고 있는 것들도 있다. 돼지 창자에 돼지 피와 쌀, 양파 등을 넣고 익힌 후 건조한 스페인식 순대 모르시야Morcilla는 한국인이 보기에 영락없는 피순대다. 머릿고기와 각종 내장 부산물을 넣고 삶아 낸 코시도Cocido, 계란에 각종 재료를 넣고 익힌 스페인식 계란 요리 토르티야Trotilla, 문어를 부드럽게 익혀 듬성듬성 썰어 낸 풀포 아페이라Pulpo a la feria, 쌀과 해산물을 한 냄비에 넣고 피멘톤 가루와 함께 끓여 낸 일종의 매운탕 국밥과 같은 풍미의 아로즈 콘 칼도소Arroz con caldoso는 한식당이 없는 한적한 스페인 시골에서도 여정을 버티게 해 주는 감사한 음식들이다. 스페인에 하몽과 파에야만 있는 게 아니다.

위 스페인식 순대 모르시야는 영락없는 피순대다.

아래 콩과 피멘톤, 초리소와 모르시야를 넣고 끓여낸 파바다는 우리 순대국밥 같은 요리이다.

프랑스 France

27

에스카르고,
프랑스 요리의 아이콘

항상 의아했다. 프랑스를 대표하는 요리 중에 언제나 달팽이 요리가 언급된다는 사실 말이다. 전 세계 미식의 중심지이자 먹는 일을 예술에 가까운 경지까지 격상시킨 나라가 아니었던가. 다른 문화권에서 조롱을 받기도 한 달팽이 요리 에스카르고Escargot는 어째서 프랑스를 상징하는 요리가 된 걸까?

'달팽이 요리의 나라 프랑스'라는 말은 찬사와 경멸을 함께 품는다. 하찮기 그지없는 달팽이조차 고급 요리의 재료로 격상시켰고, 식재료로서 딱히 가치가 없는데도 맛있다고 먹는 식탐의 끝을 보여주기 때문이다.

특히 영국인들에게 달팽이 요리는 오랜 앙숙이었던 프랑스인을 경

달팽이 요리는 유럽 미식계에서 고급 프랑스 요리를 상징하는 아이콘과도 같았다.

멸하기에 좋은 소재였다. 19세기엔 서로를 향해 '달팽이조차 먹는 탐욕스러운 프랑스인', '영국 음식이라곤 구운 소고기(로스트비프)뿐'이라고 조롱했다. 사실 프랑스인만 달팽이를 먹는 건 아니다. 인근 스페인과 그리스, 모로코뿐만 아니라 심지어 프랑스와 가까이에 있는 영국 남부에서도 달팽이를 먹는 문화가 있다. 고대 미식의 중심지였던 로마에서 달팽이 요리는 극소수만 즐기는 고급 요리였다. 중세에는 육식을 금하는 사순절에 육류를 대체하는 단백질원으로 이용되기도 했다.

16세기 프랑스 왕 앙리 2세가 달팽이 요리를 특히 즐겨 먹었다고 전해질 만큼 궁정 요리로도 사랑받았지만 어떤 이유에서인지 약 300년

동안 요리책에서 달팽이 요리는 자취를 감춘다. 물론 요리 자체가 사라진 것은 아니다. 과거 요리책에 담긴 음식은 궁정이나 귀족들이 먹는 고급 요리에 한했다. 상류층들이 갑자기 먹지 않았다면 이유는 크게 두 가지다. 이미 유행이 지나서 고루해졌거나 하류층에서 유행했을 가능성이다. 고급 요리 역사에 달팽이 요리가 다시 등장하게 된 건 19세기 초에 이르러서다.

1814년 프랑스의 정치가이자 대단한 미식가였던 탈레랑Charles-Maurice de Talleyrand은 러시아 황제 알렉산드르 1세를 위한 저녁 만찬을 당대 최

고의 셰프였던 앙토냉 카렘Marie-Antoine Carìme에게 맡겼다. 부르고뉴 출신이었던 카렘은 부르고뉴산 달팽이를 이용한 요리를 내놓았고 러시아 황제가 맛본 요리를 먹어 보려는 미식가들의 열망과 요리사들의 열정에 힘입어 이 요리는 금세 파리를 중심으로 인기를 끌었다. 1859년 영국의 한 저술가는 "파리 시내에만 달팽이 요리를 파는 레스토랑이 쉰 곳이 넘는다."라는 기록을 남겼다.

프랑스 요리의 전성기와 함께 유명해진 달팽이 요리는 유럽 미식계에서 고급 프랑스 요리를 상징하는 아이콘과도 같았다. 이제 요리사들이 할 일은 창의성을 최대한 발휘하는 것이었다. 더 이상 새로운 걸 만들지 못할 때 꺼내 들 건 과거의 재해석이다. 당시 달팽이 요리뿐만 아니라 개구리 다리 요리 등 다양한 옛 음식 유산을 재해석하는 움직임이 활발했다. 모든 유행이 그러하듯 달팽이 요리는 다시 '촌스러운' 요리로 전락했다가 1980년대 미국을 중심으로 다시 큰 인기를 끌게 된다.

그렇다면 달팽이는 어떤 맛이기에 이토록 사랑받아 왔던 것일까? 비슷한 유명세를 가진 푸아그라나 캐비어와 달리 달팽이 자체는 딱히 폭발적인 어떤 맛을 갖고 있진 않다. 우리가 흔히 먹는 소라나 골뱅이의 느낌 정도랄까. 이들은 생물학적으로도 큰 차이가 없다. 제대로 조리하지 않으면 고무같이 질겨진다. 프랑스인들은 가볍게 데치거나 오랫동안 푹 익혀 부드러운 상태로 요리한다. 달팽이 자체가 가진 맛보다는 소스에 힘을 주는데 잘 조리해 소스와 육질의 균형이 맞으면 감탄할 정도는 아니지만 그럭저럭 먹을 만하다는 인상을 줄 수 있다.

모든 프랑스 사람들이 달팽이를 즐겨 먹을 거 같지만 그렇진 않다. 주로 달팽이를 요리해 먹는 곳은 알자스Alsace, 부르고뉴Bourgogne로 대표되는 프랑스 동부와 남부 지방이다. 알자스에서는 지역을 대표하는 리슬링Riesling 와인을 넣은 버터소스를, 프로방스Provence에서는 토마토소스를 주로 곁들인다.

가장 유명한 건 카렘이 만들었던 부르고뉴 지방의 스타일이다. 달팽이를 꺼내 삶은 후 다시 껍질에 넣고 버터와 파슬리소스를 얹어 살짝 구워낸다. 고소한 버터와 상큼한 허브향, 부드러운 달팽이 육질이 꽤 매력적이다. 에스카르고에 산뜻한 로제 와인이나 향이 좋은 부르고뉴 와인과 곁들이면 식전에 입맛을 한껏 돋우는 에피타이저로 제격이다.

브르고뉴식 달팽이 요리는 버터와 소스를 얹어 살짝 구워 나온다.

카렘의 달팽이 요리가 인기를 끌기 불과 5년 전 약사이자 미식가였던 샤를 루이스 카데 드가시쿠는 자신의 책에 "어떻게 우리가 달팽이 같이 구역질 나고 저열한 걸 먹을 수 있겠느냐?"라고 썼다. 그는 죽기 전까지 달팽이 요리를 먹지 않았을까? 혹 맛보았다면 어떤 반응을 보였을지 새삼 궁금해진다.

영국식 파이,
차별 없는 매력의 한 끼

먹는 것이 곧 그 사람의 정체성을 의미하기도 한다. "당신이 무엇을 먹는지 내게 알려 주면 당신이 누구인지 이야기해 주겠다." 음식으로 신분이나 취향, 정치적 성향을 유추할 수 있다고 한 19세기 미식가 브리야사바랭Brillat-Savarin의 말은 음식 이야기에 끊임없이 소환된다. 사회과학자 클로드 피슬러는 "먹는 행위는 우리 외부와 내부의 경계를 넘나들기에 음식은 자아 정체감의 중심에 있다."라고 이야기한다.

두 프랑스인이 100여 년의 시차를 두고 이야기한 음식을 통한 정체성은 개인의 개성이 될 수도, 민족이나 국가를 구별하는 도구가 될 수도 있다. 채식주의자는 동물을 사랑하고 환경을 생각한다는 의미도 있

겠지만 궁극적으로는 주도적으로 삶을 살겠다는 의지의 표명이기도 하다. 주어진 것을 맹목적으로 받아들이는 것보다 선택하겠다는 것이다. 영국인은 한때 프랑스인을 두고 '개구리를 먹는 사람'으로 부르고, 독일인을 '크라우트'(발효된 양배추 피클)라 불렀다. 식문화가 다른 민족이나 국민을 음식으로 지칭하는 건 저급한 발언이겠지만 어찌 됐건 그렇게 함으로써 '구별 짓기'를 하고자 하는 욕구를 드러냈다.

거창하게 이야기를 시작한 건 영국의 음식, 그중에서도 파이를 다루기 위해서다. 초라하기로 유명한 영국의 식단에서 다른 나라와 구분되는 식문화 중 하나가 바로 파이다. 파이 하면 애플파이 같은 달달한 디저트를 먼저 연상하겠지만, 여기서 이야기하는 건 단 파이가 아니라 고기가 들어간 짠 파이다.

NEW
TRADITIONAL PORK PIE

파이는 영국의 푸드코트나 영국식 식당에 가면 흔히 찾아볼 수 있다. 이웃인 프랑스나 스페인, 독일에서는 거의 없거나 잘 보이지 않기에 영국인을 파이 먹는 사람들로 규정해도 그렇게 어색하지는 않다. 적어도 영국인에게 있어 파이란 간단히 때울 수 있는 한 끼 식사나 주식으로 먹는 여러 음식 중 하나를 의미한다.

파이는 영국 전통 음식으로 분류하지만, 기원을 따져 보면 과거 영국을 침략한 로마인에 의해 전해졌다고 알려져 있다. 어째서 파이라는 음식이 만들어졌는지는 역사책을 뒤적이지 않더라도 파이의 조리법이나 활용성을 생각해보면 이유를 유추해 볼 수 있다. 우선 내용물을 밀가루 반죽으로 감싸 익히면 열로 인해 수분이 증발하거나 태우지 않은 채 조리할 수 있다는 장점이 있다. 두 번째는 그릇의 역할을 대신한다는 점이다. 고기를 야채와 푹 고아 만든 스튜를 먹기 위해선 그릇이 있어야 하지만 내용물을 유지가 섞인 밀가루 반죽에 넣고 밀봉한 채 굽는다면 간편하게 들고 다닐 수 있고 먹을 수 있는 도시락이 탄생한다. 작게 만든다면 1인분, 크게 만든다면 여러 사람이 먹을 수 있어 14세기 영국 왕실에서 연회를 준비하기 위해 대형 파이를 준비했다는 기록도 있다.

파이의 또 다른 장점은 보존력이 강하다는 것이다. 중세 파이는 노점에서도 만들어 팔았는데 이는 대부분 정육업자와 제빵사 그리고 요리사의 협업으로 이뤄졌다. 냉장 시설이 없던 시절 정육업자는 고기를 어떻게든 가공해야 했는데 선택할 수 있는 방법이 많지 않았다. 그래서 선택한 방법이 염장을 하거나 요리해 익히는 것이었다. 고기를 요리해 파이 속으로 사용한 후 구워내면 일종의 열처리한 통조림처럼 보존과 보관이 간편했다. 물론 완전히 밀봉 처리되지는 않아 오늘날 통조림처럼 보존 기한이 길지는 않았지만, 최소한 고기가 상해 낭비되는 일은 적었다는 건 분명해 보인다.

계급 구별 짓기에 능한 영국 사회에서도 파이는 상류층 연회에서는 온갖 재료와 장식으로 꾸며져 호화롭게, 때로는 서민들의 간단한 한 끼 식사로 소박하게 활용되었다. 20세기 들어서는 중산층 가정주부들을 대상으로 수많은 요리책이 쏟아졌는데 가정에서도 쉽고 간편하게 만들 수 있는 파이 레시피는 필수였다. 파이가 페이스트리에 내용물을 감싸 만든다는 일종의 조리 형식에 대한 명칭이기 때문에 가능한 일이었다.

파이 이름을 보면 재료를 가늠할 수 있다. 덩어리진 소고기가 들어가면 주로 '스테이크와 곁들인 재료'의 공식으로 이름이 붙는다. 소고기를 에일 맥주에 졸이면 스테이크 앤드 에일 파이, 신장과 함께 조리되면 스테이크 앤드 키드니 파이, 간 소고기가 들어가면 민스비프 파이, 돼지고기가 들어가면 포크 파이…… 이런 식으로 속 재료에 따라 무궁무진한 응용이 가능하다.

파이와 유사한 음식은 전 세계에 있다. 스페인의 엠파나다Empanada, 이탈리아의 칼조네Calzone, 인도의 사모사Samosa 등은 사실 속 재료만 다를 뿐 사실상 파이의 일종이다. 그렇지만 영국이 자랑하는, 소고기가 듬뿍 들어 있는 영국식 파이는 영국에만 있기에 맛볼 가치는 충분하다. 맛이 뛰어나다는 것과는 별개로 말이다.

영국의 파이는 달달한 디저트가 아닌 고기가 들어간 짠 파이다. 파이 이름을 보면 재료를 가늠할 수 있다.

Miller Harris
Miller Harris
The Pie Shop
MENU
PIE
BATTERSEA
BATTERSEA
BATTERSEA

독일
Germany

생돼지고기를 빵과 함께?
독일 별미 메트

어떤 문화권이든 먹는 데 있어 고유의 금기가 존재한다. 대표적인 게 이슬람 문화권의 돼지고기 금기다. 이슬람 율법에서 돼지를 '불결하다'고 한 탓이지만, 진짜 이유에 대해선 추측만 난무한다. 돼지 사육에 적합하지 않은 아랍의 환경, 인간과 먹을 것을 같이하는 돼지의 특성 등도 거론된다. 소를 신성시하는 힌두 문화권에서 소고기를 먹지 않는 것처럼 이슬람의 돼지고기 금기는 거의 성문화된 법률과 마찬가지로 무거운 금기에 속한다.

다른 금기들은 가볍다 못해 귀여운 편이다. 먹는 데 목숨을 걸 수 있는 이탈리아인들은 해산물 파스타에 치즈를 넣거나 생선 요리에 레드 와인을 넣으면 하늘이 무너지는 줄 안다. 우리야 올리브 오일에 발사믹

메트는 생돼지고기를 갈아 간단한 조미를 해서 빵에 발라 먹기도 하고 햄버거처럼 빵 사이에 끼워 먹기도 한다.

식초를 한 방울 떨어뜨려 빵을 찍어 먹지만 이탈리아에서는 상상도 못 할 일이다. 그들에겐 꽤 중요한 문제다. 우리 식으로는 고등어가 들어간 된장찌개, 간장에 찍어 먹는 송편 같은 느낌이랄까?

음식에 대한 금기는 상대적이다. 어떤 문화권에서 당연한 일이 어떤 곳에선 경악할 일이 되기도 한다. 독일을 여행하거나 거주하는 이들이 이내 마주하는 식문화적 충격이 하나 있다. 바로 생돼지고기를 갈아 빵에 발라 먹는 메트Mett다. 지방과 함께 곱게 간 돼지고기에 후추와 소금, 약간의 허브, 양파를 올린 돼지고기 육회인 셈이다. 명확하지 않지만 메트는 길게는 18세기, 가까이는 19세기부터 먹어 온 음식으로 추정한다. 당시 요리책이나 기행문에 메트를 묘사하는 장면이 등장하기 때문이다.

생고기를 곱게 다지거나 갈아 먹는 방식은 서양에서 그리 낯설지 않

독일에서 메트는 당일 생산 당일 판매가 원칙이다.

은 요리법이다. 소고기 우둔살을 다져 각종 부재료를 넣고 섞어 만든 비프 타르타르Beef Tartar는 가장 인기 있는 날음식이다. 1950년대 이탈리아에서 탄생한 카르파초Carpaccio는 날고기를 얇게 썰어 올리브유, 소금, 후추, 식초를 곁들여 먹는 요리다. 원래는 소고기를 사용하지만 지금은 생선을 얇게 썰어 같은 방식으로 조미한 음식을 카르파초라고 부르기도 한다. 메트도 이런 날음식의 연장선상에 있을 법하다.

그런데 하필 돼지고기라니. 우리가 어떤 민족인가. 소고기는 핏기만 사라져도 먹지만 돼지고기만큼은 바짝 익히는 것 말고는 용납할 수 없는 민족이 아니던가. 이슬람처럼 율법이나 성문법에 명시된 건 아니지만 바짝 익지 않은 돼지고기는 우리나라에서 사실상 금기에 가까운 취급을 받았다. 이유는 명쾌하다. 혹시 모를 기생충 감염을 예방하기 위해서다. 한국인이라면 메트를 보고 '맛있겠다'가 아닌 '먹어도 안전할까'를 먼저 떠올리는 게 당연하다.

'돼지고기를 덜 익혀 먹어도 되나'는 '선풍기를 틀어 놓고 자면 위험한가'처럼 이미 결론은 났지만 오해는 끝없이 계속되는 해묵은 논란이다. 1970년대까지만 해도 돼지가 기생충 감염의 원인인 인분 사료를 먹던 시절이 있었지만 지금은 사정이 달라졌다. 국립수의과학검역원에서 1989년 이후 기생충에 감염된 돼지가 발견된 적이 없다고 공식적으로 밝혔지만, 대를 거듭하며 각인된 돼지 기생충 공포는 여전하다. 이미 굳건해진 선입견을 깨트리기란 쉽지 않기 때문이다. 완전히 익힌 것보다 핑크빛이 도는 미디움 정도의 상태가 먹기 부드럽고 돼지고기 특유의 풍미를 느끼기 좋다고 생각하지만 개인에 따라서 완전히 익어 거친 식감을 즐기기도 한다. 덜 익히든 완전히 익히든 순전히 개인의 취향이자 선택의 문제다.

메트가 위험하다고 느낀다면 그건 기생충 때문이 아니라 간 고기의 특성 때문일 이유가 크다. 식중독을 일으킬 수 있는 박테리아는 식품의 표면에서 증식하고 부패 또한 표면에서 진행된다. 요리 과학에 대한 내용이 집대성된 《모더니스트 퀴진Modernist Cuisine》을 집필한 네이선 미어볼드Nathan Myhrvold는 고기의 내부, 즉 공기와 접촉하지 않은 근육의 내부는 해로운 균이 증식할 수 없는 무균 상태와 다름없다고 주장한다. 반대로 이야기하면 갈아 놓은 고기는 공기와 닿는 표면적이 기하급수적으로 증가해 몇 배나 빠르게 박테리아가 증식할 수 있어 식중독 위험이 높아질 수 있다는 의미이기도 하다. 그래서 독일에선 메트는 당일 생산 당일 판매가 원칙이다.

독일에서 메트는 남녀노소 모두가 좋아하는 음식이라고는 할 수 없지만 어른들에게는 추억의 음식, 음식을 좋아하는 젊은이들에겐 별미로 통한다. 맛은 의외로 평범한 편이다. 비릴 것 같지만 바로 갈아 만든 신선한 돼지고기는 부드럽게 입안에서 맴돌고, 생양파가 혹시 생길지 모를 느끼함을 덜어 준다. 독일에서 오래 살다 온 한인들에게 가끔 생각나고 찾아 먹고 싶어지는 음식이기도 한 걸 보면 만약 누군가 한국에서 시도해 본다면 쪽박 아니면 대박, 둘 중에 하나가 되지 않을까도 싶다. 아프리카돼지열병의 철저한 방역이 전제가 되겠지만 말이다.

Messer grüner Tee
DAS ORIGINAL
GRIECHISCHER JOGHURT
COFFEE

페루 Peru

페루, 의외로 가까이 있는 남미의 맛

모 방송사에서 연락을 받았다. 내용인즉슨 감자에 대한 다큐멘터리를 촬영하려는데 유럽의 감자 요리 그리고 페루 요리에 대해 좀 아는 바가 있느냐는 것이었다. 유럽에서 맛있는 감자 요리를 맛본 경험은 있지만 난데없이 페루라니. 많은 나라를 다녔지만 가장 멀리 간 곳이 기껏해야 포르투갈일 만큼 유라시아 대륙을 벗어난 적이 아직 없다.

제작진이 페루를 언급한 이유는 감자의 원산지가 바로 페루 안데스 산맥이기 때문이다. 약 8000년 전부터 식량으로 재배된 것으로 알려진 감자는 페루인들에게 없어선 안 될 주식이다. 감자의 원산지인 만큼 다양한 품종의 감자가 있는데, 알려진 것만 해도 무려 5,000여 종에

경기도 평택에 있는 식당 사보루 페루아노에서는 페루인 요리사가 현지식 음식을 만든다.

달한다. 우리가 흔히 알고 있는 형태의 노란 감자뿐만 아니라 주황 감자, 보라 감자 등 껍질 색깔이 다양하고 속의 무늬, 크기와 모양도 제각각이다.

수미 감자가 대부분인 우리나라에서는 감자를 구분할 때 크기 정도로만 구분하지만 감자를 즐겨 먹는 곳에서는 다르다. 감자를 남미에서 가장 먼저 받아들인 스페인도 남미 못지않게 감자가 식탁에서 빠지지 않는다. 스페인의 마트에서 인상적이었던 건 감자를 구이용, 튀김용, 삶는 용으로 구분해 판매하고 있다는 점이었다. 페루의 수도 리마에는 국제감자센터가 자리 잡고 있는데, 남미뿐만 아니라 전 세계의 감자 품종을 보존하고 연구한다. 페루가 감자의 고향이라는 걸 천명한 셈이다.

이만하면 페루에 가서 직접 감자를 맛봐야 하겠지만 시국이 시국인지라 그럴 순 없었다. 대신 제작진은 경기도 평택의 한 식당으로 안내했다. 페루인 요리사가 현지식 음식을 만드는 곳이 있다는 것이다. 엉겁결에 찾아간 송탄 국제중앙시장은 실로 놀라운 곳이었다. 인근 미군기지의 영향으로 미군들이 좋아하는 세계 각국의 음식점들이 늘어서는 등 마치 이태원 거리와 같은 풍경이 펼쳐져 있었다.

사보르 페루아노, '페루의 맛'이라는 이름의 식당 셰프인 마리아는 페루에서 한국인 남편을 만나 한국에 정착해 7년째 식당을 운영하고 있다. 그는 몇 가지 감자 요리를 선보였는데, 그중에서 파파 데 우앙카이나Papa de Huancaína란 요리가 꽤 흥미로웠다. 노란 고추와 치즈를 주재료로 만든 소스를 감자에 끼얹어 먹는 요리다. 마리아 셰프는 리마에선 식전에 이 요리가 없으면 밥이 안 넘어간다는 설명과 함께 한국으로 치면 김치 같은 요리라고 전했다.

과거 우앙카요Huancayo 지방과 리마를 잇는 기찻길을 건설할 때 인부들을 위해 주변에서 쉽게 구할 수 있는 재료들로 만들어 낸 것이 시초라고 알려져 있다. 심심할 수 있는 감자에 달큼한 고추의 풍미와 치즈의 고소한 감칠맛이 더해져 입맛을 한층 돋워 준다. 이 밖에도 감자를 고원에서 말린 파파 데 세카Papa de seca와 돼지고기로 만든 카라풀크라Carapulcra도 우리 식으로 치면 제육볶음에 감자를 52더한 스타일로 이질감이 덜한 요리다.

페루는 최근 몇 년 사이 세계 미식가들 사이에서 남미에 가면 반드시 가 봐야 할 미식의 고장으로 손꼽힌다. 남미에 다른 나라도 많은데 왜 하필 페루인가 의문이 든다면 남미의 지도를 펼쳐 보면 그 이유를

위 한국의 김치와 같은 요리 파파 데 우앙카이나.

아래 사보르 페루아노에서 페루 음식을 선보이는 마리아 셰프.

짐작할 수 있다. 남미의 여러 국가 중 페루만큼 다양한 자연환경을 갖고 있는 곳이 없기 때문이다. 안데스산맥과 태평양에 인접한 바다, 아마존강의 상류와 해안가의 사막, 초원 지대까지 다 갖춘 나라는 사실상 페루가 유일하다. 유럽에서 프랑스와 이탈리아, 스페인이 그러한 것처럼 자연환경이 다양하다는 건 그만큼 식재료의 다양성도 풍부하다는 의미와 통한다.

하지만 식재료가 다양하다고 해서 반드시 음식 문화가 발달하는 건 아니다. 페루가 갖고 있는 저력은 식재료의 다양성을 넘어선 문화적 다양성, 그로 인한 개방성에 있다. 페루는 옛 잉카제국의 후예뿐만 아니라 스페인인과 그들이 노예로 데려온 아프리카인, 이민 온 중국인과 일본인 등 다양한 인종과 국적의 문화가 한데 뒤섞인 곳이다. 다양한 식재료, 다양한 출신의 훌륭한 요리사들이 연대해 페루 음식을 세계인이 꼭 한번 먹고 싶어 하는 요리로 만들어 냈다. 페루만의 색깔을 찾아가는 과정에서 자연스럽게 글로벌 미식가들의 눈에 띈 셈이다.

페루의 대표 요리인 세비체Ceviche는 한국의 김치처럼 음식에 관심 있는 세계인이라면 누구나 아는 요리로 자리 잡았다. 한국에 음식이 김치만 있는 게 아니듯 페루에도 우리가 평생 먹어도 다 못 먹어 볼 다양한 식재료와 음식이 존재한다. 다행인 건 멀리까지 비행기를 타지 않아도 된다는 점이다. 감사하게도 원한다면 현지의 맛을 한국에서 언제든 느낄 수 있다. 페루의 맛은 의외로 우리 가까이에 있었다.

위 감자를 말린 파파 데 세카.

아래 파파 데 세카와 돼지고기로 만든 카라풀크라.

20